CANGURI **FELTRINELLI**

Enrico Franceschini
Voglio l'America

© Giangiacomo Feltrinelli Editore Milano
Prima edizione ne "I Canguri" giugno 2009

Stampa Grafica Sipiel Milano

ISBN 978-88-07-70209-9

www.feltrinellieditore.it
Libri in uscita, interviste, reading,
commenti e percorsi di lettura.
Aggiornamenti quotidiani

IL RAZZISMO
È UNA
BRUTTA STORIA.

razzismobruttastoria.net

A Torre, Andrea, Luciana, Stefano, Claudio, Raffaello, Mario, Gianni, Lucia, Silvia B. e Silvia K., Anna, Alessandra, Giampaolo, Laura, Antonia, Ruggero, Nicoletta, Maria Pia, Marzio, Maria Laura, Lucrezia, Franco, e a tutti gli altri compagni di viaggio che volevano l'America, e l'hanno avuta.

If I can make it there,
I'll make it anywhere.

FRANK SINATRA, *New York, New York*

New York, 17 agosto 2008, 2.45 pm, all'angolo tra l'88esima strada e la Seconda Avenue

"Well, what do you say?"

Mi chiede cosa ne penso.

"What do I say about what?" rispondo.

"But about the penthouse, of course!"

La penthouse: le camere con vista, al ventottesimo piano, che mi ha fatto vedere poco fa.

"Very... very nice," dico.

"Nice?" Chiaramente non le basta.

"I mean, fantastic. It's absolutely wonderful."

Fantastico, meraviglioso, stupefacente, prodigioso: contenta, baby?

"It is the best property we have on the market, right now."

La miglior proprietà che hanno sul mercato al momento: complimenti.

Siamo sulla Bmw dell'agente immobiliare. Fuori ci saranno trentacinque gradi all'ombra, ma qui dentro, con l'aria condizionata che va a palla, si gela. È tirata a lucido come se dovesse conquistare il mondo. L'agente immobiliare, non la Bmw. Sulla trentina, fisico palestrato, due gambe che non finiscono più, abbondantemente scoperte, infilate in trampoli con tacco a spillo di almeno sette centimetri. E il profumo: irresistibile. È il prezzo che oppone resistenza: diecimila dollari al mese. Per la penthouse – ossia two bedrooms, living-room e servizi –, non per la mia agente immobiliare. Non è in vendita, quella, sebbene faccia di tutto per sembrarlo.

"Un po' troppo per le mie tasche," dico, fra me e me, in italiano.

11

"I beg your pardon?"

"It's too much for my budget," traduco prontamente.

Jennifer, l'agente immobiliare, spiega che il mercato ha subìto una lieve flessione a causa della crisi finanziaria, ma non a Manhattan, e soprattutto non nell'Upper East Side, dove le ho chiesto di mostrarmi case. Domanda perché insisto per venire ad abitare proprio in questa zona. Rispondo che ho vissuto qui vicino, appena due isolati più su, molti anni or sono, con una ragazza americana. È una questione affettiva: se devo tornare a stare a New York, mi piacerebbe prendere in affitto un flat da queste parti.

"How long ago was it?"

Dico che sono passati quasi trent'anni e che il quartiere, allora, era assai diverso. Se ha visto un vecchio film con Jack Lemmon, *The Prisoner of Second Avenue*, girato qui intorno, ne avrebbe un'idea.

"Never heard of."

Mai sentito. Ci avrei scommesso: lei probabilmente non era ancora nata e non mi pare il tipo da retrospettiva al cinema d'essai.

"What about the one bedroom on the seventh floor?" propone, accendendosi una sigaretta e aspirando voluttuosamente. "The price is quite interesting, for that one."

Il prezzo dell'appartamento con una camera da letto al settimo piano è "interessante", non ne dubito. Ma se mio figlio viene a trovarmi per le vacanze, vorrei avere almeno una stanza a disposizione per lui. Mi guarda con l'aria di chi pensa che le mie obiezioni siano una scusa. Poi sbircia l'orologio, forse comincia a pensare che sta perdendo tempo, e il tempo è maledettamente prezioso, a New York. Mi caccia in mano i prospetti della dozzina di appartamenti che mi ha portato a vedere da questa mattina, estrae dalla borsa un biglietto da visita, suggerisce di risentirci quando avrò riflettuto, assicura che potrà trovare quello che fa per me.

"Would you like a ride somewhere?" soggiunge, ma nel tono di un commiato.

No, non ho bisogno che mi porti da nessuna parte, ringrazio. Faccio volentieri due passi, se non altro per scaldarmi dopo questa trattativa in un frigorifero a quattro ruote. Sono già fuori dall'auto, quando Jennifer abbassa il finestrino e chiede in che altre città ho vissuto, dopo New York.

"Well, let's see," dico. "Washington, Moscow, Jerusalem, London."

"And now, back to New York," osserva lei.

Già, di nuovo al punto di partenza. Questo è quello che mi ha proposto il direttore.

"It must be fun to be a journalist," continua lei, visto che taccio.

"A lot of fun." La risposta giusta sarebbe: non hai mai il tempo di annoiarti. Ma a cosa servirebbe dirglielo.

Non si decide ad andarsene. Ho l'impressione che ci abbia ripensato: forse vale la pena sprecare altri cinque minuti con un potenziale cliente, meglio non lasciarlo con una sensazione di freddezza, potrebbe andare a bussare a un'altra agenzia immobiliare. Credo che mi rivolga per la prima volta uno sguardo vagamente umano, anziché soppesarmi come un mucchietto di dollari.

"Well, goodbye Jennifer," taglio corto.

"Bye," fa lei, ma non tira ancora su il finestrino. Indica un punto imprecisato alle mie spalle, chiedendo se quello dove stavo, con la ragazza americana, sulla Seconda Avenue, è stato il primo appartamento in cui ho vissuto, a New York.

"No," rispondo, "it was the second one."

Era il secondo.

1.

NON ME L'AVEVA MICA ORDINATO IL DOTTORE

Il treno diede uno scossone e mi svegliai di soprassalto, madido di sudore. Non mi era ancora uscito di mente il sogno che stavo facendo. C'ero io, da ragazzo, a quindici o sedici anni, e guardavo in su, lungo la scala male illuminata di un palazzo, dove una donna di mezza età, in stivali e minigonna, pesantemente truccata, mi invitava a seguirla con un gesto allusivo. Sarebbero bastati due balzi per raggiungerla: ma ero come bloccato sul pianerottolo, incerto, intimidito, impaurito. In cuor mio avrei voluto seguirla, sapevo che avrei dovuto, ma non mi decidevo a muovermi. E adesso che ero uscito dal sogno era troppo tardi: l'avevo perduta.

Lo scompartimento era vuoto. Con la manica della giacca pulii il finestrino appannato: sulla pensilina deserta, un cartello con la scritta CHIASSO. Una freccia, nella direzione di marcia del mio treno, indicava: Svizzera. Un'altra, nella direzione opposta: Italia. Dunque eravamo al confine. Anche sul binario accanto si era fermato un treno, anche quello apparentemente in procinto di ripartire, in direzione contraria alla mia, a giudicare dai soffi, dai botti e dalle stantuffate che si sprigionavano dalle sue viscere.

Rabbrividii: era estate, maledizione, ma quella notte, attraversando la frontiera, faceva un freddo cane. Che ci faccio qui?, pensai. In realtà lo sapevo, a quel punto, cosa ci facevo: il treno, partito da Bologna, doveva portarmi a Bruxelles, dove mi aspettava probabilmente un charter per New York. "Probabilmente", perché con i charter non c'era mai da fidarsi, ma speravo che il mio fosse lì ad aspettarmi e riuscisse pure ad attraversare l'Atlantico. Una volta giunto a New York il piano era semplice: conquistare l'America, sbarcare nella metropoli dei grattacieli con in tasca i quattro soldi rimasti dall'auto usata e dallo stereo venduti prima di mettermi in viaggio, e diventare giornalista, scrittore, sceneggiatore – insomma, scrivere fino ad avere successo, denaro, donne, non necessariamente in quest'ordine. C'era un problema però: non avevo la minima idea di come realizzare una simile fantasia. Non sapevo neanche da che parte cominciare. E temevo che non sarei riuscito a combinare nulla, che sarei dovuto tornare a casa con le pive nel sacco, tanto per usare una di quelle frasi fatte che in un articolo di giornale o in un romanzo sapevo avrei fatto meglio a evitare. Perché, allora, continuare il viaggio? Era proprio necessario andarmi a scornare in America? Non ero mai stato superstizioso, ma di colpo quel risveglio alla frontiera italo-svizzera mi parve voluto dal destino. Il sogno interrotto dallo scossone del treno non era forse una premonizione?

Ma certo: come mi ero bloccato sul pianerottolo, incapace di seguire la vecchia bagascia, adesso dovevo fermarmi e tornare sui miei passi, perché entrambe le tentazioni non mi avrebbero portato nulla di buono. In fondo, non me l'aveva mica ordinato il dottore di andarmene tutto solo negli Stati Uniti, a ventitré anni, per dimostrare al mondo e a me stesso che cosa?, per di più. Chiudendo gli occhi, rivedevo la scena alla stazione di Bologna: mia madre, i miei amici più cari, i loro volti che si allontanavano mentre il treno prendeva velocità. Mi aveva subito attraversato il sospetto che stavo facendo una gran cazzata. Si trattava di poco tempo prima, eppure quella scena e quella sensazione erano già scivolate indietro nel tempo, chissà dove. Mi sembrava di essere già diventato un altro, ma ero ancora appeso a quell'immagine e a quella paura. Che cosa legava l'addio già entrato nel mito e l'essere sospeso nello spazio indefinito di una stazione di confine? Dov'era il vero confine? Probabilmente non ero diventato nient'altro da quello che ero sempre stato: uno stupido sognatore. Stupido. Sognatore. Assieme suonavano quasi rincuoranti. Se solo provavo a separarli, lo stupido precipitava nel coglione, e il sognatore nell'idiota. Sognatore mi piaceva più di stupido e idiota più di coglione. Dovevo continuare a sognare, come avevo sempre fatto. Se avessi continuato, forse qualcosa sarebbe accaduto.

Proprio allora, il treno sul binario accanto fece un brusco balzo in avanti, per poi fermarsi di nuovo. Mi sembrò, anche quello, un segnale. Un invito. Bastava aprire lo sportello, attraversare la pensilina deserta, salire sul treno diretto in Italia e l'indomani sarei stato di nuovo a Bologna in tempo per il pranzo. A Bologna. A casa. La mamma sarebbe stata contenta. Mi avrebbe preparato qualcosa da mangiare e poi nel pomeriggio sarei uscito, gli amici mi avrebbero preso in giro, avrei risposto che era stata tutta una finzione, quante risate ci saremmo fatti. E la sera, la sera, Dio mio, la città sarebbe stata nostra, come al solito! Basta, la decisione era presa: ruppi ogni indugio, raccolsi la borsa, mi precipitai in corridoio, giunsi davanti allo sportello, posai la mano sulla maniglia, e in quel preciso momento il treno si mosse. Non il treno del binario accanto. Quello su cui viaggiavo io. Forse sarei potuto scendere lo stesso, buttandomi giù al volo, ma rimasi talmente sorpreso che non ebbi la prontezza di farlo immediatamente e quando ci pensai il treno aveva già preso velocità. Non era più il caso di provarci, mi sarei sfracellato.

Tornai indietro e ripiombai a sedere, in preda allo sconforto. La premonizione si era capovolta: il segnale, allora, era che dovevo proseguire. Provai a vedere le cose in una luce positiva: ma non era semplice. A New York, se ci fossi arrivato, sarei stato derubato dei pochi soldi che avevo raggranellato, o addirittura, chissà, sarei stato assassinato e nessuno avrebbe più sentito parlare di me. Immaginai le vane ricerche del cadavere, la cerimonia funebre davanti a una bara vuota, le lacrime di mia madre, i discorsi degli amici. "Era il migliore di tutti noi." "Si dice sempre così, dai, non è vero che era il migliore... però era simpatico, era in gamba, non ci posso credere che non ci sia più." Una meraviglia. Be', d'accordo, mettiamo che il dottore mi avesse effettivamente ordinato di andare in America: ma non aveva detto quanto dovevo restarci. Eravamo in estate, la stagione in cui si parte, si viaggia, si va in vacanza. Se fossi riuscito a sopravvivere, a cavarmela per un mesetto o due, sarei potuto tornare in Italia in tempo per l'inizio dell'anno scolastico, che anche se a scuola non ci andavo più rimaneva per me il vero inizio del nuovo anno. Avrei avuto una scorta di racconti sufficiente a impressionare gli amici fino a inverno inoltrato; avrei potuto ragionevolmente sostenere di essere stato arricchito dall'esperienza, e perfino azzardarmi a dire di aver migliorato il mio inglese, tanto loro, i miei amici, l'inglese non lo parlavano certo meglio di me. E avrei potuto riprendere a fare quello che facevo prima: scribacchiare di sport per i giornaletti locali sperando di trovare prima o poi un vero posto di lavoro, magari alla "Gazza", la leggendaria "Gazzetta dello Sport", a scrivere di basket, la mia passione. Vagamente rinfrancato da quel programma, cullato dal treno, intorpidito dal desiderio di ritornare sul pianerottolo del sogno, mi riaddormentai; quando mi svegliai, stavamo entrando a Bruxelles.

Dall'alto non vidi nulla, non so se per via delle nuvole o di una rotta che aggirava i grappoli di grattacieli che mi ero aspettato di vedere. Ma quando l'aereo atterrò non ebbi dubbi di essere arrivato alla meta sospirata: dentro un film, un film americano. L'enorme poliziotto a cui consegnai il passaporto aveva un'aria curiosamente familiare. Lo avevo già incontrato un'infinità di volte, al cinema: la divisa blu scuro con i bottoni dorati, le biro che spuntavano dal taschino, il chewing-gum masticato con ostentazione... era proprio lui, il poliziotto americano dei film americani, impossibile sbagliarsi. Avevo quasi la tentazione di sorridergli e salutarlo, come si fa con un vecchio amico, ma c'erano due ostacoli. Il primo: la lingua. Con il mio inglese scolastico, come avrei potuto salutarlo? Cosa, di preciso, gli avrei detto? "Good morning"? Ma era poi "morning", dove eravamo sbarcati? Non mi pareva. "Good night", allora? Ma non sarebbe stato un tantino troppo familiare, implicando un'intimità da buonanotte in pigiama, che non avevamo e che non avremmo dovuto avere? Il secondo ostacolo: era un poliziotto buono o un poliziotto cattivo, quello che avevo davanti? Non lo sapevo, e quindi non sapevo come comportarmi. Be', comunque stavo per scoprirlo. L'omone in blu si piegò leggermente verso di me, esaminando il mio visto, puntò il dito sul timbro del consolato americano di Firenze e disse: "Uagana ganasc uan ci moncon tiuk?". No, non era turcomanno, anche se alle mie orecchie suonava pressappoco tale: era inglese, anzi, americano, la lingua degli indigeni. Mi percorse un fremito di terrore: se questo era l'inizio, col mio inglese, formatosi su utilissime frasi tipo "the cat is under the table, the cat is not on the table", come avrei mai potuto farmi capire in quella terra di gente che si mangiava le parole arrotandole con un accento incomprensibile? Ebbi la prontezza, non so come, di rispondergli comunque, anche se non avevo capito niente. Misi in fila i miei gatti inglesi e spiegai chi ero, da dove venivo, perché ero venuto in America: a modo mio lo spiegai, naturalmente, e dall'espressione cupamente interrogativa del poliziotto sospettai che adesso fosse lui a non capire. Come che sia, dovette convincersi che non ero pericoloso, non appartenevo a nessuna delle categorie a cui, come stava scritto sul modulo che avevo dovuto compilare all'arrivo, era vietato l'ingresso negli United States of America – comunisti, anarchici, membri di organizzazioni terroristiche ("Yes, signor poliziotto, che resti tra noi: sono un anarco-comunista membro di un'organizzazione terroristica, ma la prego di fare un'eccezione alla regola e lasciarmi passare"): mi timbrò a sua volta il passaporto, con un rumore metallico simile a quello di una 44 magnum che apre il fuoco e fece segno di procedere.

Avevo con me solo un bagaglio a mano: un borsone rosso, lo stesso in cui ficcavo scarpe e maglietta per gli allenamenti e le partite di pallacanestro, a Bologna, e una macchina da scrivere nella sua custodia. A quel punto niente più mi tratteneva dal mettere piede sul suolo americano, fuori da quella specie di terra di nessuno che è il John Fitzgerald Kennedy Airport. Un po' mi dispiaceva. Non ero mai stato in un aeroporto dal nome così bello: John Fitzgerald Kennedy. Uno che nasce con un nome del genere, riflettei, è destinato a grandi cose nella vita, e anche un aeroporto con un nome così non è un aeroporto come gli altri. Adesso c'ero passato, dal John Fitzgerald Kennedy Airport, ci ero atterrato, avevo percorso i suoi sterminati corridoi, avevo superato l'interrogatorio di uno dei suoi inflessibili poliziotti. Mi sentivo già un po' parte del mito anch'io. Bisognava, tuttavia, andare avanti. Non c'erano più scuse. Una porta automatica si spalancò, e fu come trovarsi nella valle di Giosafat, il giorno del Giudizio universale: eravamo tutti lì, tutte le razze della terra, tutte le lingue di Babele, bianchi e neri, gialli e rossi, piccoli e grossi, brutti e belli, buoni e cattivi, come inquilini impazziti di un formicaio, ognuno col suo fardello, ognuno impegnato a correre in una direzione diversa, miracolosamente senza mai scontrarsi con qualun altro. Rimasi attonito, stordito, a bocca aperta, davanti a quell'Armageddon: ero arrivato dentro il formicaio e adesso era tempo di trovare una formica. Dovevo trovare Nick, l'americano che l'autunno precedente suonava la chitarra in piazza Verdi, a Bologna, che grazie a me era stato ospitato dagli studenti fuori sede nel quartiere universitario, che era diventato un po' mio amico e che, pacato e affidabile come John Wayne in *Ombre rosse*, aveva promesso di ricambiarmi il favore, se fossi capitato a New York. Gli avevo dunque scritto per dire che ci sarei venuto sul serio, a New York, e per sapere se l'offerta era ancora valida. Incredibilmente aveva risposto a stretto giro di posta, e risposto di sì, sicché ora in teoria avevo un letto in cui dormire, almeno per un po'. A condizione di trovarlo: non il letto, per quello era presto, ma Nick, l'amico americano.

Ma del mio amico americano, o per lo meno dell'americano che speravo diventasse mio amico, non c'era traccia in quel pullulare di uomini e donne di ogni colore. Stavo già per consolarmi all'idea che, se non lo avessi trovato, avrei potuto passare qualche giorno in albergo, dilapidando i miei risparmi, e ripartire subito dopo per l'Italia, quando lo vidi. Faceva ciao con la mano, da un balcone, affacciato sulla valle di Giosafat, ossia sull'uscita degli arrivi, ma separato da una parete di vetro: lo vedevo, ma non lo sentivo. Capelli ricci, bisaccia a tracolla, baffi da messicano: proprio lui, il Nick di piazza Verdi, identico spiccicato, meno la chitarra. La sensazione di aver individuato un volto amico, o almeno noto, in mezzo a quella anonima massa umana mi commosse fin quasi alle lacrime: ero in America e non mi sarei perduto, non sarei stato derubato da un tassista o assassinato da una gang di criminali incalliti. Il mio sbarco, come quello di Colombo a Santo Domingo o di Neil Armstrong sulla Luna, era riuscito. La manovra più difficile poteva considerarsi conclusa.

Nick mi raggiunse in un battibaleno, ci abbracciammo ed ebbi un altro tuffo al cuore quando mi resi conto che comprendevo le parole che mi diceva: lui sapeva un po' d'italiano, abbastanza per farsi capire, sicché io *capivo*. Potevo di nuovo, dopo l'incontro col poliziotto americano che parlava in turcomanno, comunicare con un mio simile. Magari non capivo proprio tutto quel che Nick diceva nel suo italiano pasticciato, ma andava bene lo stesso. Parlammo, parlammo, parlammo: il mio viaggio, la sua chitarra, gli amici di Bologna, i miei programmi, o meglio i miei sogni, e così parlando ci ritrovammo fuori dall'aeroporto. Un altro americano immenso, forse fratello del poliziotto ma in tuta giallo fosforescente, smistava i viaggiatori verso i taxi con la sicurezza di un marine sul campo di battaglia, sì, perché c'era una lunga fila di taxi gialli, proprio come nei film americani che adoravo e sui quali mi ero coscienziosamente preparato alla mia impresa.

"Bene, Nick, dov'è la tua macchina?" chiesi a quel punto, pronto a seguirlo verso un parcheggio. Ma Nick rispose che non ce l'aveva, la macchina. In famiglia ne avevano una sola, quella di suo padre, che quel giorno ne aveva bisogno e non aveva potuto prestargliela. Cercando di nascondere la delusione, dissi che non c'era il minimo problema e indicai interrogativo il marine vestito di giallo davanti alla fila di taxi gialli. Nick scosse la testa. "Naaah, prendiamo un bus." Già, che deficiente, perché sprecare soldi per un taxi? Probabilmente lui abitava lì vicino e un comodo bus ci avrebbe depositati sotto casa sua. Quando gli avevo scritto, Nick mi aveva detto che abitava a Brooklyn e io, controllando su una mappa, avevo visto che era uno sterminato quartiere di fronte all'isola di Manhattan. Brooklyn, Broccolino, il quartiere degli italoamericani – come Nick, appunto, i cui bisnonni erano immigrati negli Stati Uniti dall'Abruzzo. Gli chiesi perciò, con l'aria di chi è già pratico della città, se era lì che stavamo andando, a casa sua, "a Brooklyn". Ed ecco la seconda sorpresa: non solo Nick non aveva una macchina propria, ma non aveva nemmeno una casa. Una casa propria. Questo, dalla sua lettera, non l'avevo capito. Abitava ancora con i genitori e la sorella, a Brooklyn, per l'appunto, "vicino al mare," precisò. Mi insospettii: non avevo visto il mare, il mare aperto, nella mia mappa di New York. Tutt'al più, un paio di fiumi alla base di Manhattan, vicino alla Statua della Libertà. Comunque non avevo scelta, ci avviammo verso la fermata dei bus, quasi all'uscita dell'aeroporto, dove dopo una ventina di minuti arrivò il nostro. Seduto in ultima fila, insieme a Nick, vidi scorrere dal finestrino una periferia di villette residenziali con i macchinoni parcheggiati davanti, alcune un po' fatiscenti, altre in stato migliore, tutte pressoché uguali: stesso colore, stessi mattoni, stesse dimensioni, stesso squallido giardinetto. Dopo un po', mi accorsi che dovevo fare uno sforzo per tenere viva la conversazione: un po' perché l'italiano di Nick non era esattamente fluente, un po' perché mi rendevo conto che non ci conoscevamo tanto bene e non avevamo molto da dirci una volta esauriti i convenevoli, un po' perché ero solo io a fare domande – lui rispondeva nel suo faticoso italiano, e appena smettevo di domandare calava il silenzio. In una pausa più lunga delle altre – in verità, stavo per addormentarmi di nuovo –, Nick fece cenno che era ora di prepararsi. Scendemmo alla fermata successiva.

"È una di queste, casa tua?, voglio dire, la casa dei tuoi genitori?"

"È qui vicino."

Camminammo, senza spiccicare parola, per dieci minuti buoni. Quando sentii il grido dei gabbiani, capii che eravamo arrivati: al mare, come Nick aveva promesso poco prima. Nell'aria avvertivo un odore salmastro. E, in fondo a una strada chiamata Bergen Avenue, che probabilmente lo costeggiava, c'era casa di Nick: una villetta come tutte le altre che avevo visto fino a quel momento. Il padre e la madre mi accolsero con più entusiasmo e affetto, devo dire, di quelli dimostrati dal loro figliolo, che anzi appariva un po' disgustato da quell'esuberante benvenuto. "Che piacere avere un ospite dall'Italia," disse la madre in italiano, seppure con un accento tremendo (ma più comprensibile di quello di Nick).

Doveva essere ora di cena, perché ci invitò a metterci tutti a tavola. In quattro, la conversazione filava più liscia. A differenza di Nick, i suoi genitori spararono domande a raffica: su di me, sulla mia famiglia, sull'Italia. Non c'era il rischio di pause imbarazzanti, con loro. Dopo cena, Nick mi chiese di seguirlo: uscimmo da una porticina sul retro, attraversammo un minuscolo giardino e ci ritrovammo in un vicolo, tra i cassoni della spazzatura. Tirò fuori un joint di marijuana, lo accese, diede una boccata e me lo offrì. Rifiutai, con la scusa che ero troppo stanco: in realtà non avevo nessuna voglia di stonarmi. Presi una sigaretta delle mie e fumai quella. Poi rientrammo in casa.

Mi avevano sistemato nella camera della sorella di Nick, che stava frequentando un corso di recitazione a Boston: voleva fare l'attrice, mi annunciarono con orgoglio i genitori. Diedi la buonanotte a tutti perché ero stanco davvero, ma poi, sdraiato lì in quella cameretta così femminile, con le pareti tappezzate di foto della sorella – a scuola, al college, su un palcoscenico –, il sonno mi passò. Avrei dovuto essere felice, la mia avventura era cominciata, senza incidenti per di più, invece mi sentivo strano. A disagio. Nel luogo sbagliato. Forse la cucina "italiana" della mamma di Nick, per i miei gusti troppo appesantita da peperoni, aglio e cipolla, mi era rimasta sullo stomaco. Andai alla finestra, che però dava su un cortiletto di passaggio tra casa di Nick e quella del vicino: non si vedeva nulla, tranne un pezzetto di cielo, solcato, in quel momento, lassù in mezzo alle nuvole, dalla sagoma di un aereo che stava decollando dal Kennedy. A parte le strida dei gabbiani, non si sentiva niente, non un rumore, in strada non passava una macchina. Ma questa non è l'America, pensai, con un moto di delusione. Non è New York. Non è il mio film, il film americano in cui pensavo di entrare. Dove diavolo ero capitato?

2.

UN POSTO COME NON NE HAI MAI VISTI

Abitavo con la famiglia di Nick da una settimana, nessuno mi aveva fatto capire che era ora di andarmene, eppure sapevo di doverlo fare. New York, la mia New York – che in effetti, come stavo scoprendo, non si chiamava nemmeno New York bensì Manhattan, nel senso che il resto della città era tutta un'altra cosa dalla New York che uno si aspetta –, si trovava dall'altra parte del mondo, lontana come un altro pianeta, lontana come se fossi ancora in Italia.

Il primo giorno Nick mi aveva svegliato presto, mi aveva detto che doveva correre all'università e mi aveva dato le istruzioni per arrivarci da me, a New York, mettendomi in mano una piantina della subway, come lui chiamava la metropolitana. Meglio così, avevo pensato: l'emozione del primo incontro con la mia innamorata volevo vivermela da solo. Ma ci avevo messo così tanto ad arrivarci, all'appuntamento con l'innamorata, che al dunque ero troppo stanco e confuso per emozionarmi davvero, senza contare lo stress per lo sforzo di non perdermi.

C'erano voluti venti minuti a piedi da casa di Nick fino alla fermata: poi mezz'ora di autobus, con l'ansia di mancare la fermata a cui dovevo scendere. Sentivo avvicinarsi la città. E la sentii ancora più forte quando il treno sparì sotto terra. Lo sferragliare sembrava dilatarsi insieme al brusio arcano delle voci. Il convoglio si riempiva di corpi, di colori, di sudori. New York è sopra di me, pensavo, ma non scollavo gli occhi dalla mappa che tenevo aperta in mano, per non sbagliare fermata. Una stazione dopo l'altra, andavo ansiosamente in cerca del nome indicato sulla carta. Temevo che il convoglio prendesse chissà quale direzione, temevo che i nomi dei luoghi diventassero improvvisamente irrintracciabili, temevo che la toponomastica esplodesse in un caos ingovernabile. E invece no. Ecco il doppio cerchio rosso segnato sulla mappa. Ecco la Grand Central Station, nell'East Side di Manhattan. La stazione era un labirinto. Ci misi dieci minuti a trovare l'uscita. Salii a balzi le ultime tre o quattro rampe di luride scale, sbucai infine all'aperto e rimasi abbacinato dalla luce, dal frastuono, dai grattacieli, dalla marea umana che rischiava di travolgermi se fossi rimasto un istante di troppo a contemplarla. Mi sentivo come in mezzo a un mare in burrasca, così mi lasciai risucchiare e trasportare docilmente dalla corrente, senza opporre resistenza, senza sapere bene dove stavo andando. Eppure lo sapevo dove andavo, o almeno dov'ero. Ero di nuovo nel film. A New York. Voglio dire, Manhattan. Insomma: New York. Eccola lì. Eccomi qui. Camminai, camminai, camminai, e poco per volta iniziai a orientarmi, a capire dov'erano i quattro punti cardinali, nord e sud, est e ovest, sgusciando fuori da una corrente umana per tuffarmi in un'altra, che andava dove volevo andare io, o almeno così speravo. Il reticolato di strade e avenue era semplice, proprio come sulla mappa. Le streets tagliavano l'isola in orizzontale, da est a ovest. Le avenues incrociavano le streets in verticale, da sud a nord. Era come giocare a battaglia navale, 35esima strada e Terza Avenue: non potevo sbagliare, affondato! Mi accorsi che dopo la Terza Avenue non c'era la Quarta, bensì Lexington Avenue, e dopo quella Park Avenue, e poi la Quinta Avenue: quella che noi italiani chiamavamo "la Quinta Strada", confondendo tutto perché non è una street ma una avenue. Poi veniva la Avenue of the Americas invece della Sesta, poi la Settima Avenue, poi Broadway che si snoda come un serpente ubriaco, poi l'Ottava, la Nona, la Decima, l'Undicesima, e infine la Dodicesima Avenue, l'ultima, che praticamente costeggiava il fiume Hudson. Ecco fatto. Capito tutto. E quando non capivo, ci pensavano i semafori a dirmi cosa fare. Walk, don't walk, cammina, non camminare, ordinavano le scritte luminose agli incroci: e io obbedivo. Cammina, non camminare, cammina. Da Times Square al Greenwich Village. Dal Village a Soho. Da Soho a Chinatown. Da Chinatown a Wall Street, giù fino alla punta dell'isola di Manhattan, dove si alzava una selva di torri di cristallo e da dove si vedeva la Statua della Libertà, in mezzo alla baia. Guardai la signora con la fiaccola e tirai il fiato: ero esausto. Ed era ora di tornare a casa, tenendo conto di quanto sarebbe durato il viaggio di ritorno e del fatto che dal mattino, dopo una lauta colazione preparatami dalla madre di Nick, avevo mangiato solo un paio di hot dog, in piedi, al chiosco di un venditore ambulante. L'incontro con la mia innamorata non mi aveva deluso. New York, cioè Manhattan, era il film che volevo, come me l'aspettavo. E c'ero entrato anch'io, adesso, nel film. Una semplice comparsa, nemmeno un figurante: ma c'ero. Se qualcuno avesse letto i titoli di coda sino in fondo, chissà, forse avrebbe trovato persino il mio nome.

Il secondo giorno passò più o meno come il primo, solo cambiai un po' l'itinerario. Passeggiai sotto l'Empire State Building, davanti al palazzo di vetro delle Nazioni Unite, su e giù per Central Park. Il terzo giorno, con la metropolitana mi avventurai fino in cima all'Upper West Side, gironzolai nel campus della Columbia University, giunsi fino al confine con Harlem: quando vidi che non c'era più un bianco sui marciapiedi, capii che era il momento di fare dietrofront. Ogni giorno mi fermavo a un'edicola e compravo un paio di quotidiani: il "New York Times", il "New York Post", o il "Daily News". Non ero venuto lì per stare tutto il giorno a gironzolare come un turista, dovevo diventare giornalista. Anzi: corrispondente dall'estero. Corrispondente da New York, appunto. E così, comprati i quotidiani, quando mi fermavo a riposare su una panchina o seduto nella subway, al ritorno verso Brooklyn, leggiucchiavo a casaccio quelle pagine per me in buona parte incomprensibili, cercando di farmi venire un'idea. Qualche spunto per le mie corrispondenze "dagli States".

Nick lo vedevo poco: era sempre indaffarato con gli studi universitari di scienze politiche, il lavoro part time come portinaio di uno stabile e l'intrattenimento della sua ragazza portoricana. Questo, cioè il fatto che aveva una ragazza portoricana di nome Penelope, l'avevo saputo da lui, mentre fumava il joint nel vicolo di casa, la prima sera; ma più ricchi dettagli sulla loro relazione li appresi dalla madre e dal padre, con i quali mi ritrovavo, come sostituto del figlio che rincasava più tardi, quando rientravo per cena. La mamma, in particolare, si lasciava andare raccontandomi il suo dispiacere nel vedere l'unico figlio maschio assumere comportamenti così poco consoni a un italiano d'America: vestito come un hippy, con un testone di capelli ricci sempre scompigliati, e con quella ragazza, poi, dalla pelle caffellatte, che parlava spagnolo, "come una messicana!". Fortuna che era cattolica, almeno. Ma perché non si era fidanzato con una bella figliola italoamericana? Ce n'erano così tante, nel quartiere. Su questo, non potevo darle torto. Intendo sul fatto che ce ne fossero tante, nel quartiere, e che fossero pure carine, appetitose, desiderabili. Le incontravo sull'autobus che mi portava alla metropolitana per Manhattan, al mattino: giovani donne con i capelli cotonati, odorose di profumo pacchiano, cariche di bigiotteria, in abiti sgargianti e tacchi esageratamente alti. Dove andavano così addobbate? A fare la spesa, presumibilmente, a giudicare dalle borse che si portavano dietro, o dal parrucchiere. Qualcuna sposata, notavo la fede all'anulare, qualcuna non ancora; tutte con grosse poppe, grossi sederi, grossi fianchi, bei denti bianchi e splendenti. Erano figlie, nipoti o pronipoti di piccoli immigrati italiani dalla pelle scura, ma mi sembravano donne di una razza nuova, come non ne avevo mai viste o conosciute in Italia: più sane, più forti, più grandi, di taglia voglio dire. Una razza maggiorata, rispetto a quella italiana dei loro nonni o bisnonni, e non solo sessualmente. Anche sessualmente, comunque: le trovavo parecchio arrapanti, decisamente più di Penelope. La sera che Nick me la fece conoscere, cancellò tutti i miei stereotipi sulle portoricane: era magrolina, piatta come un'asse da stiro, senza una curva degna di questo nome. Dai retta a tua madre, avrei voluto dirgli. Ma tenni il becco chiuso.

Era sabato sera, il mio primo sabato sera a New York, o meglio a Brooklyn, e Nick era non solo libero da impegni ma pure motorizzato, con l'automobile del padre a disposizione. Per prima cosa andammo a mangiare in un orrendo, puzzolente ristorantino ispano-cinese del West Side, dove servivano una sbobba fritta che mi si rigirò nello stomaco tutta la notte. Nick, invece, ne era entusiasta: come detestava tutto quello che era italoamericano, così amava appassionatamente tutto quello che era latinoamericano. In rotta con la propria etnia, ne aveva adottata un'altra che nella scala sociale degli Stati Uniti stava chiaramente al di sotto della sua. "Adesso ti porto in un posto come non ne hai mai visti," annunciò al termine della cena. Guidò un'ora per le strade di downtown: in cerca di un parcheggio, diceva; secondo me in cerca del posto, che forse nemmeno lui aveva mai visto prima. In un modo o nell'altro, alla fine ci arrivammo. Era un loft, cioè, come Nick mi spiegò, un ex deposito o ex magazzino, un grande ambiente senza pareti divisorie, riadattato a club per concerti o qualcosa del genere, dove quella sera un gruppo latinoamericano – chi l'avrebbe immaginato – si esibiva in musiche tipo Inti Illimani, interrotte ogni quindici minuti da proiezioni di diapositive di un viaggio in Perú, con dibattito sui problemi dei *campesinos* e sulle prospettive politiche rivoluzionarie dell'America Latina. Su cosa verteva il dibattito, ovviamente me lo spiegò Nick, perché io non avrei compreso una parola, tranne qualcuna pronunciata ogni tanto in spagnolo. Di spagnoli, per non dire di peruviani e men che mai di *campesinos*, però nel loft non c'era neanche l'ombra: il più latino, lì dentro, ero io, a parte Penelope. Il pubblico era composto tutto da americani bianchi; e soprattutto, quali che fossero la loro nazionalità e il colore della loro pelle, non c'era una, dico *una*, sola ragazza passabile in tutto il locale. Al confronto, le italoamericane del mio bus mattutino avrebbero vinto a mani basse: se l'autista le avesse fatte scendere lì, scommetto che avrebbero tutte trovato marito in un batter d'occhio. "Ora ci vorrebbe una canna," disse Nick quando lo spettacolo, si fa per dire, si concluse; e benché non fossi mai stato un gran patito del fumo concordai: dopo una serata così deludente avevo bisogno di non pensare, e soprattutto di non essere trascinato in una discussione sui *campesinos* peruviani. Cominciavo a comprendere il tragico equivoco: nel suo breve soggiorno a Bologna, l'anno precedente, Nick aveva assistito alle assemblee del movimento studentesco, aveva partecipato alle manifestazioni di protesta, aveva visto le facoltà tappezzate di tazebao. Si era appassionato a un mondo dove si mangiava politica a colazione, pranzo e cena, così diverso da quello del suo paese. Non gli passava neanche per l'anticamera del cervello che io fossi venuto a New York per allontanarmi da tutto ciò, perché ne avevo avuto abbastanza, per voltare pagina, per provare nuove esperienze. "Venite con me," fece il mio anfitrione, distogliendomi da quei pensieri. Anziché rimontare in macchina, proseguimmo a piedi per le stradine del quartiere, sempre più buie, sempre più deserte, finché arrivammo davanti a un tizio, un nero appoggiato a un lampione, dall'aria decisamente poco affidabile. Non mi sarei avvicinato a quel tipo, specie a quell'ora, specie in un luogo così poco frequentato da americani come l'immenso poliziotto del John Fitzgerald Kennedy, per tutto l'oro del mondo. Però non volevo sembrare un provinciale, per cui non feci obiezioni. Nick parlottava con il nero come se fossero vecchi amici, dopo tutto. E poi poteva essere un'esperienza da cui tirar fuori un articoletto per qualche giornale: il traffico della droga, a New York, avviene sotto il naso dei passanti. Di passanti, in verità, non ce n'erano molti, sia perché erano le due del mattino, sia perché ci trovavamo – lessi alzando lo sguardo verso un cartello appeso a una casa fatiscente – dalle parti di Avenue A, nell'East Village. Ma che importava? Sarebbe stato tutto colore in più, per il mio articolo. Il tizio ci fece segno di seguirlo all'interno di un giardinetto che si apriva alle sue spalle: evidentemente, passanti o meno, non gli andava di vendere la sua merce a un angolo della strada, come se fosse Coca (Cola). Penelope rimase ad aspettarci sotto il lampione, noi due gli andammo dietro fiduciosi.

Nel giardino era così buio che non si vedeva a un passo di distanza. "Uashi schiam fuck chansk," disse a quel punto il tizio, più o meno: io capii solo "fuck", ed ero contento, perché quando capisci le parolacce vuol dire che stai entrando dentro una lingua. "Fuck." "Fuck." "Fuck." Era Nick, adesso, che ripeteva quella parola. Forse un rito newyorkese per l'acquisto della marijuana? Mi chiedevo se unirmi al coro, dicendo "fuck" anch'io, magari facendo pure l'occhiolino, quando notai che Nick aveva estratto il portafogli, tirato fuori tutte le banconote e ora le consegnava al tizio in piedi a due passi da noi nel giardino. Ma quanto fumo voleva comprare? Per un joint o per una settimana? Mi diede una gomitata. "Dagli i soldi," disse, in italiano. Lo guardai senza capire. "Sbrigati, idiota, non vedi che ha una pistola?" ringhiò. No che non vedevo la pistola. Vedevo a malapena il tizio. Che però in quel momento fece un passo verso di noi, disse "Dudyagaddamoddafucka", all'incirca, e vidi che effettivamente qualcosa di metallico gli brillava in mano. Sentii uno strano calore nel ventre. Tirai fuori i venti dollari che avevo in tasca e glieli porsi. Il tizio indicò l'altra tasca, allora la rivoltai per dimostrare che non c'era dentro niente. Rimase indeciso, poi se la filò dicendo qualcos'altro a Nick in una lingua molto simile a quella parlata dal poliziotto dell'aeroporto: probabilmente era turcomanno anche lui. Non appena si fu dileguato, Nick mi tradusse che, se ci azzardavamo a muoverci di lì prima di dieci minuti, sarebbe stato peggio per noi: ecco cos'aveva detto il tipo. Non ci azzardammo. Fumammo una sigaretta in silenzio, facemmo passare i dieci minuti, uscimmo dal giardino, ritrovammo Penelope, preoccupatissima ma sana e salva, tornammo alla macchina e filammo a Brooklyn. Nick e Penelope parlarono a mezza voce tutto il tempo, ignorandomi; io, seduto dietro, dopo un po' mi addormentai. Meglio dormire che pensare a quanti dollari mi era costata la mia prima sera fuori a New York, per di più senza aver combinato niente.

Il giorno seguente presi due decisioni: era ora di cominciare a scrivere qualcosa e non potevo restare in casa dei genitori di Nick. I due proponimenti erano collegati, perché lì non avevo un posto mio dove scrivere. La camera della sorella, con i poster delle sue attrici e cantanti preferite davanti agli occhi e la madre in cucina che canticchiava in dialetto abruzzese sui fornelli, era fuori discussione: mi faceva passare completamente l'ispirazione. Volevo scrivere, era per quello che ero venuto lì, e non stavo scrivendo un bel tubo, accidenti.

Era domenica e il padre di Nick, uscito di casa presto, rientrò con un vassoio di pasticcini e il "New York Times". L'edizione domenicale del "New York Times". Quando vidi l'ammasso di carta che teneva sotto il braccio, rimasi sbalordito. Aveva per caso svaligiato l'edicola? Quel giornale era composto di decine o forse centinaia di giornali, uno infilato dentro l'altro: un giornale tutto di sport, uno di giardinaggio, uno di viaggi, uno di televisione e spettacoli, uno di automobili, uno di annunci, uno di economia... non finiva più. Quante idee avrei potuto trovare dentro quella montagna di carta stampata! E io me le lasciavo scappare, senza far nulla. Avrei dovuto starmene da qualche parte a leggere il "Times" da cima a fondo, non ospite di due bravi immigrati italoamericani a mangiare pasticcini. Ne avevo abbastanza: di Nick, di Brooklyn, dell'odore salmastro dell'oceano, dei gabbiani e di due ore di viaggio per arrivare nella New York che per me era la sola vera New York, quella con i grattacieli, il Greenwich Village, la Quinta Avenue o Quinta Strada come la chiamavano in Italia, Central Park, i ponti di ferro battuto e la Statua della Libertà piantata nella baia lì davanti. Già, non ne potevo più, ma dove andare? All'improvviso mi ricordai che Nick non era proprio l'unico americano che conoscevo, in un certo senso ce n'era un altro. Larry, incontrato pure lui a Bologna, due anni prima, amico di una mia cugina pazzerellona e pazzerellone anche lui, pittore o scultore – non ricordavo bene, comunque un artista –, alto, dinoccolato e in possesso di un discreto italiano grazie a una fidanzata delle mie parti poi abbandonata. Solo che di Larry non avevo notizie da molto tempo; sicché lui, a differenza di Nick, non sapeva che io stessi arrivando, men che meno che fossi arrivato. Insomma, non mi aspettava. Be', pazienza, gli avrei fatto una sorpresa, ammesso che il numero di telefono trascritto sulla mia agendina fosse giusto e ancora attivo. In occasione del mio successivo viaggio di esplorazione a Manhattan, introdussi una moneta in un telefono a gettoni e composi il numero. La fortuna era dalla mia: al quarto squillo, rispose un uomo. Non solo rispose: era l'uomo giusto, era Larry, e si ricordava di me. In genere preferivo prendere le cose alla lontana, ma con lui andai subito al punto, non sapendo a quanti minuti di conversazione dava diritto la moneta. Era davvero il mio giorno fortunato: Larry disse che, certo, era dispostissimo a ospitarmi. Solo che lui stava partendo per un tour di artisti newyorkesi in New Mexico sponsorizzato da non so quale fondazione, sicché stavolta non avremmo fatto in tempo a vederci: ma sarei stato accolto dalla sua ragazza, una certa Mary, "no problem, amigo", e con lui ci saremmo rivisti al suo ritorno. Mi diede l'indirizzo, su Avenue of the Americas, nel cuore di Manhattan, e mi assicurò che ci avrebbe pensato lui ad avvertire Mary.

Quella sera ringraziai calorosamente Nick, e a dire il vero soprattutto i suoi genitori, che mi avevano accolto e trattato come uno di famiglia. Raccontai una balla, spiegando che un amico di un amico, che viveva a Manhattan, mi chiedeva di badare al suo gatto e annaffiargli le piante durante la sua assenza per un lungo viaggio di lavoro all'estero, non potevo dirgli di no. Non volevo offenderli, dar loro la sensazione di non essermi trovato bene. Ci credettero. Per lo meno i genitori. Nick mi guardò con un misto di delusione e sarcasmo: secondo me, pensava che mi preparassi a tornarmene di corsa in Italia. In ogni modo, quando me ne andai, il mattino dopo, come al solito lui era già uscito e fu tutto più facile. Arrivai all'indirizzo di Larry su Avenue of the Americas, all'altezza della 23esima strada, all'ora concordata, suonai il campanello del suo appartamento e attesi. Nessuno rispose. Suonai di nuovo. Di nuovo, nessuno rispose. Cominciamo bene. Andai a telefonare da un apparecchio a gettoni: niente da fare. Questo non lo avevo previsto. Da Nick non potevo certo tornare. Avrei dovuto trovarmi un albergo? Un ostello? E dov'erano alberghi e ostelli? Non sapendo che fare, mi sedetti per terra, davanti al portone, nella speranza che la ragazza di Larry desse segni di vita.

Mary arrivò due ore dopo. A differenza di Larry, parlava solo inglese, anzi, americano strascicato, come quello del poliziotto turcomanno: dunque non capii il motivo del ritardo, capii solo che non aveva affatto intenzione di scusarsi. Avevo l'impressione che si fosse completamente dimenticata del mio arrivo; e, ora che glielo ricordavo con la mia presenza, che non le facesse troppo piacere vedermi. Sembrava di cattivo umore. Comunque salimmo insieme. L'appartamento era al secondo piano, con le finestre che davano sulle scale antincendio e sulla strada. Il frastuono del traffico era insopportabile, ma lei sembrava averci fatto l'abitudine. Mi indicò un divano dove potevo dormire, e ringraziai mentalmente che fosse nel salotto, non in camera sua. Era piccola, con i capelli tagliati corti alla maschietta, leggermente sovrappeso, vestita male, con un colorito malaticcio: insomma, più brutta della ragazza di Nick, che era tutto dire. Ma non ero lì per corteggiarla: bastava che mi ospitasse. Dopo un po', telefonò Larry per sapere se ero arrivato. Parlando con lui, compresi perché Mary era di malumore. "Vecchio mio," mi disse, con eccessiva familiarità, "io e Mary abbiamo litigato, mi sa che non stiamo più insieme e che io lì non ci torno. Ma tu non dirglielo e non preoccuparti, sono sicuro che puoi restare, almeno per un po'." Ci rimasi male all'idea di non essere ospite di Larry, bensì della sua ormai ex, per me una perfetta sconosciuta. Però una cosa era certa: gli americani erano un popolo gentile. Per quanto Nick non mi fosse particolarmente simpatico e di Larry sapessi molto poco, mi avevano offerto entrambi ospitalità senza pensarci due volte: uno in casa dei genitori, l'altro dell'ex fidanzata, d'accordo, ma non ero sicuro che degli italiani avrebbero fatto altrettanto. Anche Mary, dopo il broncio iniziale, mi trattò con cortesia: preparò un sandwich per entrambi, mi offrì una birra e poi ci mettemmo a fumare a cavalcioni delle scale antincendio. Il rumore del traffico, fortunatamente, limitava la conversazione a grugniti, per cui non dovevo sforzarmi troppo col mio inglese rudimentale. Finita la sigaretta, lei disse "goodnight now", questo mi parve di capirlo, e volò a letto senza le ulteriori spiegazioni che mi sarei aspettato in una casa italiana: quello è il bagno, questi sono gli asciugamani, se hai sete troverai questo nel frigo. Fumai un'altra sigaretta, sorseggiando la birra diventata tiepida senza il coraggio di andare a vedere se in frigo ce n'era un'altra. Larry mi aveva detto che il quartiere era soprannominato "Flower District" e non ci voleva molto a capire il perché: dall'alto vedevo, soltanto nelle vicinanze di casa, quattro o cinque grandi chioschi, aperti a quanto pareva anche di notte, dove ogni mezz'ora i fiorai annaffiavano e riannaffiavano le piante per proteggerle dalla calura. Sull'asfalto rovente, tutta quell'acqua fumava come su una graticola, creando una specie di nebbiolina che saliva su, pian piano, verso l'alto, dove le case si tingevano di rosso, bianco e blu per il riflesso della punta dell'Empire State Building, il grattacielo simbolo di New York – quello su cui si arrampica il povero King Kong –, la cui cima era illuminata con i colori della bandiera americana. In strada, davanti a me, c'era Manhattan, con i semafori sospesi in mezzo agli incroci, l'onda dei taxi gialli che sembrava non arrestarsi mai, i grandi camion dai volti quasi umani con il tubo di scappamento puntato verso il cielo, omoni neri in canottiera che camminavano con aria feroce tenendo enormi radio in spalla, belle donne che ancheggiavano sui tacchi, bambini che giocavano a farsi annaffiare da un idrante. Era l'America di *Taxi Driver*, il mio film preferito. Era magnifica. Ero veramente a New York, adesso. E contento di esserci, forse per la prima volta da quando ero sbarcato.

Di mestiere, Mary faceva la fotografa: al mattino la vidi armeggiare con le sue macchine e poi uscì, lasciandomi un paio di chiavi – quelle di Larry, supposi. Ora dunque avevo la casa tutta per me. Feci una lunga doccia, poi uscii anch'io per fare colazione: sotto casa c'era un coffe-shop greco, che per un dollaro serviva un breakfast a base di uova fritte, pancetta, pane imburrato, caffè e succo d'arancia. Mi riempii bene lo stomaco, comprai il "New York Times", tornai a casa e mi misi a leggerlo sulle scale antincendio, fumando una sigaretta.

Dopo un po' mi accorsi che ero tutto sudato. Faceva un caldo spaventoso. Rientrai, tirai fuori dalla custodia la macchina da scrivere, presi i ritagli di giornale che avevo accumulato e mi misi all'opera. Scrissi due articoli di sport, uno sulla lega estiva di pallacanestro e l'altro sulle scelte della Nba per la stagione successiva; poi uno sulla violenza nella subway, sempre più pericolosa a parere della stampa newyorkese, aggiungendo qualche particolare osservato durante i miei viaggi sotto terra; poi ne scrissi un altro sulla corsa alla Casa Bianca, con la sfida che si profilava tra Jimmy Carter, il presidente democratico, e Ronald Reagan, il candidato repubblicano. Reagan, figurarsi, un ex attore hollywoodiano di serie B: secondo me non aveva chance, e mi permisi qualche sottile ironia sulla sua candidatura, sebbene di politica americana sapessi poco e niente. Ero andato a razzo, quattro articoli in tre ore e mezzo. Corti, ma ben copiati dal giornale migliore del mondo, il "New York Times", con qualche aggiunta di aggettivi, avverbi, pensierini miei. Parlare in inglese era praticamente impossibile, ma una traduzione approssimata del senso degli articoli del "New York Times" ero in grado di farla. Mi pareva di aver già capito come avrei potuto fare questo mestiere: il favoloso, prestigioso mestiere del corrispondente dall'estero.

Scesi di nuovo in strada, raggiunsi l'ufficio postale – a pochi isolati di distanza, come mi aveva detto Mary la sera prima –, comprai buste e francobolli e feci le mie prime spedizioni: i due articoli di sport li inviai a "Superbasket", il settimanale sportivo a cui collaboravo sin da quando ero al liceo; gli altri due al "Corriere del Ticino", un quotidiano svizzero dove lavorava un cronista di basket che avevo conosciuto a una partita e che mi aveva preso in simpatia, procurandomi in passato qualche collaborazione. Imbucai, e mi sentii soddisfatto del lavoro compiuto. Non avevo più sprecato il mio tempo. Avevo mantenuto l'impegno preso con me stesso. Ero diventato un corrispondente dall'estero. Fatto il mio dovere, mi venne voglia di festeggiare: mi pareva di averne diritto. Cercai un bar dove farmi un drink, gironzolando a casaccio. Dopo pochi isolati, però, ero completamente zuppo di sudore. La camicia e i jeans erano pesanti come uno scafandro. Li sentivo appiccicati al corpo come una seconda pelle. E sentivo la puzza che facevo. Si soffocava dal caldo. O meglio, io soffocavo. Ero risalito dal Flower District su verso la Quinta Avenue, e lì la scena cambiava drasticamente. Gli uomini entravano e uscivano da uffici e negozi con giocosa leggerezza, le donne erano belle come il peccato originale e insieme solcavano i marciapiedi in abiti freschi, profumati, leggerissimi. Li guardavo geloso, quasi goloso: erano così belli, così perfetti, quegli americani maschi e femmine, che veniva voglia di mangiarli e diventare come loro.

Continuai a camminare in cerca di un bar in cui trovare un po' di ristoro dal caldo opprimente. All'angolo della 47esima e della Avenue of the Americas, un uomo mi mise in mano un volantino. Strabuzzai gli occhi: c'era disegnata sopra una donna a seno nudo, che ancheggiava voluttuosa; sotto, una scritta, WORLD OF SEX – TOPLESS BAR, e un indirizzo: 48esima strada e Settima Avenue, a un paio di isolati di distanza. Mi parve un'offerta che non si poteva rifiutare. Affrettai il passo, col risultato che quando arrivai ero da strizzare come un asciugamano bagnato. Un uomo con un cappello da cowboy presidiava l'ingresso, coperto da una pesante tenda di velluto. Non appena mi avvicinai fece un sorriso e scostò la tenda, lasciando intravedere cosa succedeva all'interno. "Can I...?" cominciai a dire, ma non c'era bisogno di chiedere permesso. Il cowboy mi posò una mano sulla spalla e mi spinse dentro.

Nella sala in penombra c'era un lungo bancone, con tanti uomini seduti sugli sgabelli. Dietro il bancone, lungo una parete interamente coperta da uno specchio, ballavano una decina di giovani donne, in bikini o a seno nudo: ogni tanto una faceva un passo avanti, si issava sul bancone, si piegava verso uno degli avventori, che le infilava una banconota negli slip, e poi tornava a ballare incollata alla parete. Donne più mature servivano da bere dietro al banco o ai tavolini, occupati per lo più da uomini soli, ma qualcuno in compagnia di una ballerina discinta a cui aveva offerto da bere. La disco-music martellava; l'aria condizionata gelava il sudore sulla schiena; e un odore acre di deodorante alla menta aleggiava nel locale. A quanto pareva non era necessario pagare un biglietto d'ingresso: nessuno aveva provato a fermarmi. Mi issai anch'io su uno sgabello, ordinai una birra, che mi fu portata subito, in bottiglia, senza bicchiere, in cambio di due dollari. Ottimo, avevo trovato il posto dove festeggiare l'invio dei miei primi articoli da corrispondente.

Avevo sete, finii la birra in poche sorsate. Per darmi un tono da uomo vissuto mi accesi una sigaretta e ne ordinai un'altra, deciso a farla durare di più. Studiando gli avventori mi accorsi che le ballerine seminude chiedevano la mancia con un ammicco, ma se le ignoravi o facevi segno di no, lasciavano perdere senza prendersela. Alcune erano troppo grasse, altre troppo magre, la maggior parte aveva un'aria triste, ma due o tre erano decisamente sexy e davano l'impressione di spassarsela. Comunque avrei pagato volentieri da bere a tutte, anche alle ciccione malinconiche, e ancora più volentieri le avrei invitate al mio tavolo, quello in fondo, dov'era quasi buio: "Sapete, sono un giornalista italiano, per la precisione un inviato speciale, appena nominato corrispondente da New York," avrei detto. Forse con accento non perfetto, ma quelle donne navigate, abituate a gente d'ogni razza – marinai, avventurieri, poeti maledetti –, avrebbero senz'altro capito. "Sì, ragazze, ho appena finito di scrivere un lungo reportage per il mio giornale, una storia piuttosto pericolosa che mi è quasi costata la pelle. Ma non mi lamento, sono i rischi del mestiere. E adesso, signorine belle, ho deciso di festeggiare con voi. Champagne per tutti!" Sarebbe stata una serata memorabile.

Lo fu, in effetti, anche senza bisogno di fantasticare: dopo tre birre, praticamente a stomaco vuoto, mi sentivo girare la testa. Avevo fumato mezzo pacchetto e alla fine, dopo una dura selezione durante la quale le ragazze, esibendosi in danze di un'oscenità sfrenata, avevano lottato selvaggiamente fra loro per aggiudicarsi i miei favori, ammiccai alla mia preferita, che venne a prendersi il suo obolo. "È solo un dollaro, perché ho finito il contante, baby, ma per te non basterebbe un milione," questo avrei voluto dirle: per lei, che di giovani stranieri un po' brilli, ridicolmente emozionati, alla loro prima esperienza in un topless bar, doveva averne avuta una bella collezione, avrei potuto dire qualunque cosa, purché accompagnata da una banconota. Mi fece una carezza sui capelli, mi-

se le dita sulle labbra come per mandarmi un romantico bacio e ri-
tornò a ballare dietro il bancone. Era il gran finale, il momento perfetto per un'uscita di scena: mandai un saluto disinvolto alla mia
principessa, che tuttavia non se ne accorse, impegnata com'era a
strusciarsi contro un vecchio bavoso che le infilava banconote da
dieci dollari negli slip ("Un giorno ti porterò via di qui, tesoro, e
nessuno oserà più trattarti a quel modo. Quanto a quel vecchio, ti
prego, non chiedermi che fine ha fatto: meglio che tu non lo sap-
pia"), e tornai fuori, alla luce del sole.

Quando Mary mi trovò addormentato sul divano di casa sua,
in mutande, con un pacchetto delle sue sigarette scartato e fumato per metà e un paio di birre prese dal suo frigo svuotate fino al-
l'ultima goccia, non ci rimase bene. Ci rimase ancora peggio, probabilmente, quando notò sul coffee-table, vicino ai suoi bei libro-
ni di fotografia, un malloppo di carta igienica con cui mi ero ripulito alla bell'e meglio dopo aver dedicato uno sconcio ma gustoso
pensierino alla ballerina del topless bar che mi aveva turbato con
quella carezza sulla testa. Mi svegliò urlando, disse che dovevo pu-
lire, mettere in ordine, mettere via tutto – disse anche altro, credo,
ma quello era il senso. Poi filò a letto. Il mattino seguente mi annunciò in tono blando che dovevo andarmene subito, o al massimo entro qualche giorno: la mia comprensione dell'inglese restava
primitiva, ma quello lo capii. Non diede spiegazioni, io non ne chiesi: quali diritti potevo mai rivendicare? Mi domandai se avrei potuto farle cambiare idea sostituendo almeno temporaneamente
Larry nel suo cuore: ma, a parte che arrabbiata era ancora più bruttina, mi sentivo ormai indissolubilmente legato alla ragazza del topless bar. Non avrei potuto tradirla: di certo, comunque, non con
Mary. Mi sovvenne che non sapevo neanche il suo nome: bene, sarebbe stata un'ottima scusa per tornare presto a trovarla ("Perché
sono qui, tesoro? No, non è come pensi, non per bermi una birra
o per vedere le tette delle tue colleghe. Sono venuto qui solo per
farti una piccola, banalissima domanda, che però per me è maledettamente importante: come ti chiami?"). Siccome Mary, a differenza del primo giorno, non accennava a uscire, uscii io: "I go to
find a home," proclamai con alterigia, e lei scoppiò a ridere, non

so se per la mia forma sgrammaticata o per la mia illusione che fosse semplice trovarla, una casa, o per tutte e due le cose insieme. Il "New York Times" aveva un'intera sezione di annunci immobiliari. Le case in affitto erano catalogate in base al numero di stanze, "one room, two rooms, three rooms", e così via; in base alla zona; e in base al prezzo. Non avendo preferenze sulla zona o sul numero di stanze – o meglio: non potendo permettermi di fare il difficile –, basai la mia ricerca essenzialmente sul prezzo. Prima feci un rapido esame delle mie finanze. Ero arrivato a New York con mille dollari in traveller cheque e ne avevo già cambiati e spesi un po'. Me ne restavano, dopo due settimane, circa settecentocinquanta in traveller e un po' di spiccioli in contanti. Come avevo potuto spendere duecentocinquanta dollari senza fare praticamente niente? Be', c'era stata la sera al ristorante con Nick, completa di rapina a mano armata: solo quella mi era costata quaranta dollari. Il festeggiamento dei miei primi articoli al topless bar: una decina. Poi c'erano le spese per la subway, i bus, i giornali; qualche colazione; un po' di fette di pizza e di hot dog dai venditori ambulanti. I soldi volavano via, sicché dovevo fare in fretta a trovar casa.

Gli affitti più economici partivano da duecento dollari al mese. Telefonavo al numero indicato nell'inserzione, dopo mille balbettanti spiegazioni nel mio rudimentale inglese prendevo faticosamente un appuntamento col proprietario o con l'agenzia immobiliare e andavo a vedere. Feci un bel po' di giri a vuoto, quel giorno e il giorno dopo, finendo all'indirizzo sbagliato o all'ora sbagliata, senza trovare nessuno ad aspettarmi. Tutta colpa di quella lingua maledetta, che non si capisce un cazzo di quello che ti dicono. Se la mia pronuncia dava fastidio a me, chissà quanto ne dava ai miei interlocutori, anche se a New York, in fondo, agli stranieri dovevano essere abituati. Quando poi arrivavo nel posto giusto all'ora giusta, la delusione era assicurata: le case alla mia portata facevano letteralmente schifo. Erano scantinati bui, per lo più in quartieri degradati: Lower East Side, dintorni di Spanish Harlem, o peggio. Altrimenti avrei dovuto spostarmi, a Brooklyn, nel Queens, nel Bronx, o magari a Staten Island, l'isola dall'altra parte della baia, raggiungibile in traghetto. Ma non ci pensavo nemmeno: New York era Manhattan e solo lì volevo vivere.

Andai a vedere un appartamento sulla famigerata 42esima strada, la via del sesso, dove non mi ero ancora spinto nelle mie esplorazioni: l'appartamento non lo presi, ma fu una visita istruttiva. Battei tutti i sex shop della zona, scoprendo l'esistenza dei "peep show": all'interno avevano delle cabine, ciascuna con una finestrella che, infilando una moneta da venticinque cent nell'apposita fessura, si apriva su un palcoscenico dove si esibivano una o due fanciulle, o talvolta un fanciullo e una fanciulla, completamente nudi e sessualmente piuttosto attivi. La finestrella non aveva il vetro: infilandoci dentro dita o lingua, i clienti del locale facevano un po' di tutto con le ragazze, previa consegna di una mancia in banconote. L'odore di deodorante si mescolava a quello dello sperma di cui gli avventori precedenti dovevano essersi liberati, schizzandolo sulle pareti della cabina. In quel momento, davanti alla mia finestrella c'era una nera con due tette enormi che si faceva leccare il sedere da un tizio nella cabina di fronte alla mia. Ogni trenta secondi, la finestrella si richiudeva. Depositai nella fessura tutti gli spiccioli che avevo, poi, allo scadere del mio tempo, uscii. Un po' perché ero già nella zona, e un po' per l'eccitazione, ne approfittai per fare una capatina al "mio" topless bar, in cerca della "mia" ballerina, la spogliarellista a cui avevo infilato un dollaro nelle mutandine: era primo pomeriggio, però, il locale era semideserto e lei non c'era. Non potei neppure chiedere sue notizie, perché non sapevo come si chiamava; e a dire la verità, guardando le altre ragazze, non sarei più stato nemmeno in grado di riconoscerla: mi pareva che si somigliassero tutte.

Passò così qualche altro giorno. Continuavo a dormire da Mary, ma cercavo di stare in casa il meno possibile, per non urtare la sua suscettibilità: un letto, o meglio un divano, me l'offriva, e finché non ne trovavo un altro facevo meglio a tenermela buona. Stando fuori casa non potevo scrivere, ma del resto le ricerche di un appartamento prendevano tutto il mio tempo. Un sabato sera mi sedetti in un Blimpie bar a scrivere una lettera al mio amico Tommi, a Bologna. Avevo comprato all'ufficio postale un foglio di carta da lettere e una busta già affrancata: ordinai un sandwich e una Coca per tre dollari e venticinque cent, e dopo aver divorato il panino mi misi a scrivere di buona lena, raccontando a Tommi tutte le peripezie delle mie prime settimane in America, colorendole un po' per renderle più emozionanti. *Vorrei dirti tante altre cose, vecchio mio, ma è troppo tempo che sono seduto qui a scrivere in questo Blimpie bar dove ho cenato con tre dollari e venticinque centesimi,* scrissi a mo' di conclusione. *Domani è il mio onomastico, nel bar siamo rimasti solo in tre: un ubriacone, un vecchio che continua a fare parole crociate per non essere buttato fuori e io. La vita è dura per un sacco di gente su questa terra, specie al sabato sera, specie nella grande, cinica, crudele New York City. Io, a scrivere a te, me la passo piuttosto bene in confronto ai miei due compagni di cena. Però sappi che mi manca Bologna, mi mancano gli amici, mi mancano tante altre cose: un lavoro, una casa, un po' di soldi, del buon cibo, dei vestiti freschi, una donna. Buonanotte.*

Rilessi: non mi pareva male, il tono sembrava quello di uno scrittore alle prime armi nella tentacolare metropoli. Leccai l'orlo della busta, la chiusi e me ne andai.

Fuori pioveva. È dir poco, pioveva: veniva giù come se qualcuno stesse con la canna dell'acqua aperta al massimo sopra la mia testa. Un tuono squarciò il cielo e cominciò a diluviare. Arrivai a casa bagnato dalla testa ai piedi, le scarpe ridotte a due barchette sfondate. Cercai di asciugarmi alla bell'e meglio nell'androne, non potevo salire in quello stato: mi spogliai per metà sulle scale, entrai silenziosamente in casa, poggiai i miei abiti fradici di pioggia in un mucchietto sulle scale antincendio e filai a dormire sul divano, sperando di non svegliare Mary.

3.

ERA COMUNQUE CASA MIA

Sulla vetrina era scritto: PETER GIAIMO – ATTORNEY. Stretto tra un fruttivendolo e una lavanderia a gettoni, da fuori sembrava un negozietto come gli altri, invece era uno studio legale, la cui porta a vetri si apriva direttamente sulla strada. Dentro c'erano due scrivanie: una occupata da una segretaria e l'altra da un uomo tarchiato, in maniche di camicia, con la cravatta allentata. L'avvocato Peter Giaimo mi fissò con aria interrogativa. Mostrai il "New York Times" aperto alla pagina degli annunci e non ci fu bisogno di aggiungere altro. L'annuncio che mi aveva portato fino a lui era allettante: "Quattro stanze, ultimo piano, ammobiliato, luminoso, 250 dollari al mese". L'indirizzo: 554 West, 50esima strada. Suonava bene, con tutti quei cinque, e con quel "West" che mi faceva venire in mente un telefilm che prima di partire per l'America avevo seguito appassionatamente: *Alla conquista del West*. L'ufficio di Giaimo era sulla Decima Avenue, angolo con la 50esima: l'appartamento dell'annuncio era sull'Undicesima, a un isolato di distanza. L'avvocato indossò la giacca, prese un mazzo di chiavi da un cassetto e mi accompagnò a vederlo.

Erano quattro stanze, effettivamente, ma tutte minuscole. Ognuna comunicava direttamente con la successiva, come vagoni di un convoglio ferroviario: vedendomi sorpreso, l'avvocato Giaimo farfugliò qualcosa che non compresi, poi usò un termine che mi feci ripetere due o tre volte per essere sicuro di capirlo, e infine capii, "railroad apartments" – così li chiamavano in gergo, appartamenti-ferrovia, la mia impressione del convoglio ferroviario era giusta. Era effettivamente luminoso, con le finestre affacciate sull'Hudson da un lato e su un grande garage-parcheggio sopraelevato dall'altro. Sei ripidi piani di scale per arrivarci, niente ascensore, ma ero giovane, non ne avevo bisogno. "Ammobiliato", come indicato nell'annuncio, era un eufemismo: nella prima stanza c'era solo un tavolo pieghevole, di metallo, di quelli da campeggio, con due sedie. Nella seconda, un letto a una piazza: una vecchia rete con un materasso. Nella terza, un mobiletto con degli scaffali e un paio di cassetti. La quarta stanza era la cucina, in un angolo della quale, accanto al lavandino, c'era una vasca da bagno: evidentemente un tempo non c'erano nemmeno i servizi, aggiunti in seguito e collocati nell'unica stanza collegata alle tubature dell'acqua. In cucina c'erano anche un piccolo frigo e un tavolino con due sgabelli. Sulla parete opposta alla vasca da bagno, una porticina celava la tazza del cesso: aggiunta anche quella, a quanto pareva, in omaggio alla modernità. Forse prima gli inquilini pisciavano direttamente nel lavandino, o dalla finestra, chissà. In più, come Giaimo si premurò di mostrarmi, dal ballatoio si aveva accesso, attraverso una scaletta supplementare, al tetto dell'edificio, che con un po' di fantasia poteva diventare una specie di grande terrazzo. Naturalmente anche gli altri condomini avevano il diritto di usufruirne, ma l'inquilino dell'ultimo piano poteva arrivarci più comodamente e considerarlo dunque quasi suo. Immaginai di portarci un paio di lettini e un ombrellone: sarebbe stata la mia spiaggia, per quell'estate.

Tornammo in ufficio, dove l'avvocato mi spiegò l'essenza del contratto d'affitto: nei duecentocinquanta dollari era compreso il riscaldamento, ma non l'elettricità e l'acqua. Alla firma dovevo pagare il primo mese di canone, più un deposito equivalente a un altro mese, come garanzia. Giaimo era l'amministratore, non il proprietario: e si capiva dal suo tono, più che dalle parole, metà abbondante delle quali del resto non avevo compreso, che aveva fretta di occuparsi d'altro. "Do you take it?", lo prende?, domandò alla fine del discorsetto. Chiesi una mezz'ora per pensarci.

Di fronte c'era un bar: andai a sedermi a un tavolino, ordinai un caffè e feci i conti. Mi restavano all'incirca settecento dollari. Un mese d'affitto più uno di deposito voleva dire che me ne sarebbero rimasti in tasca duecento. L'appartamento costava chiaramente troppo per me, ma capivo di non avere scelta. Non avevo visto niente di più economico, nelle mie ricerche dei giorni precedenti; e di sicuro niente di così luminoso. La vasca da bagno in cucina probabilmente era poco adatta a invitare a cena amici altolocati, ma io non ne avevo: in compenso, la vista era meglio di quanto mi aspettassi e molto meglio di quella delle tane da topo di fogna che mi erano state offerte sino a quel momento. Mary, inoltre, poteva buttarmi fuori da un momento all'altro: aveva parlato di qualche giorno ed era già passata una settimana. Ritornare dai genitori di Nick sarebbe stato troppo umiliante. D'altra parte, finché non trovavo casa non potevo lavorare a tempo pieno; e finché non lavoravo a tempo pieno non avrei guadagnato abbastanza per trovare casa. Il gatto si mordeva la coda. Però, pagati affitto e deposito, con i duecento dollari rimanenti non sarei sopravvissuto a lungo. Ripensai a quello che sapevo già benissimo prima di lasciare Bologna: mille dollari per partire alla conquista dell'America erano pochi. Troppo pochi. Mi ero venduto la macchina e lo stereo, i miei unici averi, ci avevo aggiunto un po' di risparmi, ma buona parte dei soldi se n'erano andati nell'acquisto del biglietto aereo. Avevo risparmiato su quello del treno: questo era vero. Carlone, un amico bolognese specializzato in falsificazioni, mi aveva procurato un falso biglietto ferroviario Bologna-Bruxelles, identico a quelli delle Ferrovie dello stato, per appena cinquemila lire.

Mi venne in mente che Carlone mi aveva anche parlato di un trucco, un sistema per moltiplicare il mio piccolo capitale: se ne avessi avuto bisogno, aveva detto con aria pratica. Allora non pensavo che sarebbe successo, ma era venuto il momento di mettermi alla prova, di vedere se avevo un minimo di fegato. I traveller cheque erano assicurati contro furto e smarrimento: denunciando di averli perduti, qualsiasi banca di New York avrebbe dovuto restituirmeli. Si trattava di denunciare lo smarrimento, intascare i nuovi traveller e poi cambiare i vecchi – che naturalmente non avevo smarrito bensì erano al sicuro nel mio portafogli – acquistando in un negozio, con ciascun assegno da cinquanta dollari, un pacchetto di sigarette, due birre, qualche rivista, un po' di roba da mangiare... insomma, qualcosa per un ammontare di non più di sette-otto dollari, in modo da ricevere il resto in contanti. In questo modo, avrei quasi raddoppiato i miei soldi. L'importante, si era raccomandato Carlone, era cambiare i traveller da cinquanta in un negozio sempre diverso, possibilmente in città o almeno quartieri differenti: ma questo, con la sterminata metropolitana newyorkese, non era un problema. Il sistema, sosteneva lui, era praticamente garantito: tutti gli amici a cui lo aveva suggerito, dopo averlo sperimentato di persona, erano riusciti nell'intento. Se ci fossi riuscito anch'io, mi sarei potuto permettere l'appartamento da duecentocinquanta dollari al mese. Ma dovevo decidere subito. Mi guardai intorno: quel caffè, se avessi firmato il contratto d'affitto, sarebbe probabilmente diventato il "mio" caffè. Era quasi deserto, a quell'ora: il barman, affaccendato ad asciugare bicchieri dietro il bancone, notò che lo guardavo e mi strizzò l'occhio. Aveva un'aria simpatica: decisi che la sorte era con me.

Così tornai da Giaimo, gli dissi che prendevo l'appartamento e che sarei passato a pagare l'indomani, perché non avevo con me i cinquecento dollari – duecentocinquanta più duecentocinquanta. Dopo di che non persi tempo, anche perché altrimenti mi sarei messo a rimuginarci sopra e probabilmente avrei rinunciato. Uscito dall'ufficio di Giaimo, mi recai nella banca più vicina a denunciare lo smarrimento di settecento dollari in traveller cheque. Ci volle un po' per spiegare cosa era successo, dovetti compilare parecchi moduli: sudando freddo all'idea che mi perquisissero e che mi trovassero nelle mutande, dove li avevo infilati in mancanza di un nascondiglio migliore, i traveller che millantavo di aver perduto. Non mi perquisirono. Intascai i traveller nuovi. Entrai in un coffee-shop, andai al gabinetto, tirai fuori dalle mutande quelli vecchi. Poi presi la subway e cominciai a girare da un capo all'altro di New York per cambiarli, un traveller cheque da cinquanta dollari alla volta.

A sera tornai da Mary con due sporte piene di sigarette, birra, tavolette di cioccolato, patatine, giornali, una bottiglia di vino, e con tutto il resto che avevo ricevuto in contanti per ogni traveller cambiato in una dozzina di negozi: seicentonovantacinque dollari, che sommati ai duecento e rotti avanzati dal pagamento dell'affitto facevano quasi mille dollari. Avevo temuto più volte che un bottegaio pakistano, filippino o sudcoreano si insospettisse e chiamasse la polizia: mi ero già visto in manette, processato per direttissima, sbattuto in una prigione piena di delinquenti veri, mica dilettanti allo sbaraglio come me, che mi avrebbero ben presto fatto rim-

piangere il mio sciagurato tentativo di imbroglio. Invece era andato tutto liscio. Ero in uno stato di euforia come se avessi portato a termine con successo una rapina da un milione di dollari, o avessi vinto la stessa cifra alla lotteria: annunciai a Mary che avevo trovato casa, stappai la bottiglia di vino, le regalai magnanimo due pacchetti di sigarette per sdebitarmi di tutte quelle che le avevo sottratto, mangiammo patatine fritte e cioccolato pasteggiando col vino bianco. Anche lei sembrava più allegra del solito, probabilmente all'idea che stava per liberarsi della mia presenza. Mi venne il dubbio di aver fatto una cazzata solo quando Mary, appreso l'indirizzo della mia nuova casa, sghignazzò: "Ma è a Hell's Kitchen!".
Me lo feci ripetere tre volte per capire, e poi per essere sicuro glielo feci scrivere su un pezzo di carta in stampatello: HELL'S KITCHEN. Anche con la mia scarsa conoscenza dell'inglese, il significato era chiaro: "cucina dell'inferno". Ripetendo più volte tutto quello che non capivo, Mary mi raccontò che una volta, nell'Ottocento, Hell's Kitchen era stato un quartiere di gangster, puttane e speakeasy, i locali dove si vendevano illegalmente alcolici durante il proibizionismo, abitato da immigrati irlandesi e tedeschi, che col tempo si erano trasferiti in zone più rispettabili; al loro posto erano arrivati i portoricani, peggiorando ulteriormente la reputazione della zona. In effetti, ripensandoci, avevo fatto più attenzione alla casa che al quartiere e ai suoi abitanti, ma ormai la decisione era presa: il diavolo, mi augurai ripensando al nomignolo "cucina dell'inferno", talvolta non è così brutto come lo si dipinge.

Tanto brutto non mi parve, quando ci arrivai con il mio borsone in spalla il giorno dopo. Senza dubbio, non c'era un solo negozio aperto in tutto l'isolato, soltanto saracinesche sprangate coperte di ruggine e graffiti; e non si vedevano bianchi in giro, tranne me, solo portoricani o neri. Ma non proprio con facce da galera: se ne stavano pigramente a fumare sui gradini davanti al portone di casa, vecchie grasse che si facevano aria con il ventaglio, uomini in canottiera con una birra a portata di mano. Si vedeva che era un quartiere povero: c'erano rifiuti e sporcizia dappertutto, carcasse d'auto bruciacchiate senza più pneumatici, cani randagi. Ma era comunque casa mia. Avevo casa in America, a New York: incredibile. La sola idea mi faceva girare la testa. Da qualche parte, su qualche registro municipale, c'era scritto che un appartamento di New York era intestato a me, con un regolare contratto d'affitto. Era la prova che esistevo anch'io, tra i grattacieli della Big Apple. Ora si trattava di vedere cosa ci avrei combinato. Decisi di non indugiare oltre: non che mi fossi concesso grandi distrazioni, fino a quel momento, ma non avevo ancora stabilito una routine, un ordine quotidiano da dare alle mie giornate. Avrei cominciato lì, al 554 west della 50esima strada, la mia vita da corrispondente dall'estero.

Per prima cosa sperimenta quanto costava avere una casa propria. Dovetti comprare un telefono. Presi un televisore e una radio usati, in un deposito della Salvation Army, l'Esercito della Salvezza, che scoprii proprio vicino a casa, sulla Dodicesima Avenue, di fronte al fiume. Feci un po' di acquisti di cancelleria: una risma di carta, buste, cartelline per archiviare i ritagli di giornale, forbici, biro. L'appartamento aveva in dotazione mezza dozzina di piatti spaiati, due pentole, una padella, qualche bicchiere, due tazze, un po' di forchette e coltelli che avrebbero avuto bisogno di una bella affilatura, ma serviva il cibo: non avevo mai fatto la spesa a New York, era ora di provare. Sebbene il piccolo supermercato portoricano vicino a casa avesse probabilmente i prezzi più bassi della città, i soldi scorrevano via dalle mie tasche come un fiume: olio, zucchero, sale, burro, uova, pane, latte – non avevo ancora comprato niente di speciale e già se n'erano andati via una ventina di dollari. Però salire le scale con la mia prima spesa, chiusa nei grandi sacchetti di spessa carta marrone che avevo visto in tanti film, mi faceva sentire un autentico newyorkese.

Scoprii che per avere l'allacciamento della linea telefonica dovevo aprire un conto in banca: feci anche quello, con non poche difficoltà linguistiche. Aprirlo servì a farmi rendere nuovamente conto di quanto fossero modeste le mie finanze. Sul conto avevo depositato quattrocento dollari. Un centinaio li tenni con me in contanti. Non restava altro. Presi un foglio e feci il calcolo di quello che mi serviva per mangiare e comprare i giornali ogni settimana: anche con una dieta a base di uova e pasta in bianco, prevedendo qualche extra per la metropolitana, avrei potuto resistere poco più di un mese. Era chiaro che dovevo sbrigarmi a guadagnare qualcosa.

Cominciai a scrivere come un ossesso: uscivo di casa il mattino presto, compravo i giornali, mi chiudevo in casa a scopiazzare idee e scrivevo fino a sera, con due brevi soste per uno spuntino. Il mattino seguente, prima di comprare i giornali all'edicola, facevo una tappa all'ufficio postale e inviavo a vari destinatari il risultato della mia fatica. Mandai articoli di basket a "Superbasket", curiosità di vita americana al "Corriere del Ticino", e poi un po' di tutto a un elenco di piccoli quotidiani di provincia, sparsi lungo la penisola tra Aosta e Lecce, di cui mi ero procurato l'elenco, con l'indirizzo e il nome del direttore, prima di partire. Li avevo selezionati pensando che, piccoli com'erano, probabilmente non avevano un corrispondente dagli Stati Uniti. Non avevamo preso accordi, loro non sapevano neppure che esistevo e che ero arrivato in America, ma speravo che, inviandogli regolarmente qualcosa, si abituassero a me e decidessero prima o poi di ricompensarmi con un sia pur modesto salario.

Battevo furiosamente sui tasti della macchina da scrivere, appoggiata sul traballante tavolino da campeggio, sudando come se facessi ginnastica, con le finestre aperte sulle scale antincendio per avere un po' di refrigerio. Ma entrava solo un'afa asfissiante. Entravano anche, dal tetto del garage di fronte, dei continui richiami con un altoparlante: "Mr Perscopio, telephone! Mr Perscopio, telephone!". Sicuramente capivo male, quel tizio non si chiamava Perscopio, e nemmeno Periscopio. Ma comunque si chiamasse, dove cazzo era, visto che lo cercavano continuamente al telefono, non lo trovavano mai, e disturbavano me, facendomi perdere il filo?

Tra scrivere e organizzare la vita nella mia nuova casa, non mi restava molto tempo per fare altro. Non avevo soldi da spendere. Non conoscevo nessuno. Non vedevo nessuno. Compravo i giornali all'edicola, scrivevo, mangiavo due uova fritte o una zuppa in scatola, andavo all'ufficio postale. E ricominciavo da capo. Non c'era più New York, non c'erano amici, donne, passatempi: ogni tanto salivo sul tetto, guardavo giù, verso downtown, verso il grappolo di grattacieli di Manhattan, come per avere la conferma che ero davvero lì e non da un'altra parte. Poi tornavo a battere sui tasti, nella mia officina delle parole, da cui dipendeva, secondo me, la mia sorte. Affondai nella solitudine, tranne sporadici incontri con sconosciuti, l'edicolante, l'impiegato dell'ufficio postale, la cassiera del supermercato, che parlavano una lingua che stentavo a capire. Mi stavo facendo un'idea di cosa voleva dire essere veramente soli – non avevo mai provato niente del genere. Non la solitudine per scelta ascetica, ma quella imposta, accompagnata da pessimo cibo, caldo soffocante e difficoltà a comunicare con chi ti passa vicino: come essere diventato improvvisamente sordo. Ma anche se avessi capito tutto perfettamente e avessi potuto incontrare i personaggi più affascinanti, ero talmente stanco che non avrei avuto la forza di approfittarne: una volta, dopo aver trovato il mio solito ufficio postale chiuso e aver preso la subway per raggiungerne un altro, mentre tornavo a casa in metrò mi addormentai e persi la mia fermata. Al risveglio, la carrozza si era svuotata ed eravamo nel South Bronx, il famigerato ghetto di spacciatori e delinquenti di ogni risma su cui avevo visto almeno un paio di film. Ma a me, cosa avrebbero potuto fare? Si vedeva che avevo perfino meno soldi di loro. Mentre il treno tornava indietro, verso la mia in confronto rassicurante "cucina dell'inferno", stavo per riappisolarmi. Pensai che sarebbe stato bello vivere così per un po', farsi portare dal treno fino al capolinea in una direzione e poi al capolinea opposto, e poi di nuovo, tutto il giorno e tutta la notte. La subway, a quell'ora semivuota, era riposante, per il corpo e per la mente. Era come viaggiare attraverso la vita, dolcemente, mollemente, cullati dagli scambi. Incontravo facce, guardavo corpi di donna, ascoltavo discorsi lunghi e spezzoni di conversazione, noiosi o interessanti, per quel poco che potevo comprendere, vedevo i buoni e i cattivi, sognavo, dormivo, avrei potuto mangiare – se avessi portato con me qualcosa da sgranocchiare –, guardare fuori dal finestrino quando il treno correva sulla sopraelevata, e scorgere case, cose, persone, pezzi di vita, per poi di nuovo tuffarmi sotto terra, e poi ancora sbucare fuori e poi di nuovo sotto, avendo a disposizione per pensare tutto il tempo che volevo. Ma non dovevo preoccuparmi di scegliere, come nella vita vera: non c'era una meta, non un inizio, né una fine, era come correre in cerchio. Non più scelte, decisioni difficili, non più necessità di lottare: decideva tutto il treno. Potevo passare in rassegna, senza muovermi di un millimetro, l'intera gamma delle emozioni umane, ridere per due neri che facevano gli scemi, commuovermi per un vagabondo mezzo nudo e pazzo, sorridere a un bambino, avere un'erezione davanti a un pezzo di figa e, con un po' d'impegno, arrivare perfino all'orgasmo, provare fame, sete, nausea, caldo, freddo, dolore, gioia. Tutto quanto. Fantasticare mi tenne sveglio, non persi la fermata e me ne tornai a casa, a mangiare qualcosa.

La domenica, la mia prima domenica a Hell's Kitchen, contai quanti articoli avevo scritto nei sei giorni precedenti: diciannove. Decisi di concedermi una giornata di parziale riposo. Non feci colazione in casa, ma al diner all'angolo, un coffe-shop stile anni trenta a forma di autobus, per appena un dollaro; comprai il "New York Times" della domenica, per un altro dollaro; e andai a piedi fino a Central Park, per stendermi sotto un albero, sull'erbetta ancora fresca del primo mattino. Lessi il giornale da cima a fondo per un paio d'ore: molte parole mi erano sconosciute, ma mi pareva di capire già un po' di più che all'inizio, un mese prima, appena arrivato. Poco più in là, un nero suonava il sax; alla spicciolata vidi arrivare mimi, saltimbanchi, musicisti, che predisponevano i loro spettacolini per il pubblico che non avrebbe tardato. Quindi schiacciai un pisolino. Al risveglio, il caldo stringeva già la città in una morsa: con i jeans e la camicia mi sentivo totalmente inadeguato. Sudavo. E sentivo i morsi della fame. L'idea di tornare a piedi o anche in metrò fino a casa, per mangiare nel mio cucinino, mi sembrava insopportabile. Uscii dal parco ed entrai nel primo coffe-shop greco che trovai, sbranando un sandwich col suvlaki. Nel parco avevo ritagliato minuziosamente tutti gli articoli del "New York Times" che potevano servirmi per scrivere dei pezzi: una ventina di idee – quel giornale era una vera miniera, specie la domenica. Dunque mi ero riposato, ma dal punto di vista dell'organizzazione del lavoro la giornata non era stata infruttuosa. Tuttavia riflettei che, tra breakfast e lunch, avevo speso altri sei dollari e mi chiesi quanto ci sarebbe voluto prima di ricevere qualche soldo dai giornali che stavo inondando di articoli non richiesti. Il giorno dopo, decisi, avrei telefonato col sistema della "collect call", la telefonata a carico del destinatario, a "Superbasket" e al "Corriere del Ticino", per scoprire se, ed eventualmente quando, avevano intenzione di mandarmi un assegno. Purtroppo sapevo già, grazie alla mia esperienza di collaboratore saltuario di giornali a Bologna, che i pagamenti in genere partivano due mesi o più dopo la pubblicazione di un articolo: avrei certamente dovuto attendere ancora.

Mentre camminavo verso casa sull'asfalto rovente, con la sensazione che da un momento all'altro le suole potessero rimanerci attaccate, riflettevo su un modo per guadagnare qualcosa subito, senza attendere gli assegni dei giornali, ammesso che sarebbero mai davvero arrivati. Avrei potuto cercare un lavoro qualsiasi: cameriere, commesso, uomo delle pulizie. Ma non sapevo neanche da che parte cominciare a cercarlo, un lavoro simile. E poi, sarebbe stato legale, col mio visto turistico? Me la sarei cavata, con la lingua? E se i clienti mi ordinavano da mangiare in turcomanno, come il poliziotto, lo spacciatore-ladro e parecchi altri degli americani che avevo incontrato fino a quel momento? Inoltre, un lavoro di quel genere, anche se part time, avrebbe portato via troppo tempo ai miei articoli. Sentivo di non poterla tirare in lungo, la scommessa: non avevo intenzione, né la possibilità, di aspettare anni per dimostrare se ero in grado o meno di mantenermi in America facendo il giornalista. Una possibilità che mi pareva allettante era l'insegnamento: potevo offrirmi per lezioni private di italiano in qualche scuola o università. Ecco cosa avrei fatto, avrei lasciato dei bigliettini col mio nome all'istituto di italiano della facoltà di Lingue straniere nelle varie università di New York: c'era la Columbia, c'era la New York University, c'erano tanti altri college più piccoli. In fondo, pensai, sarebbero bastate quattro o cinque ore di lezioni private alla settimana ad assicurarmi abbastanza soldi per il vitto. E forse, con uno sforzo in più, anche per l'alloggio: quello che mi preoccupava maggiormente erano i duecentocinquanta dollari del mese successivo, che incombevano come una minaccia.

Mentre così ragionavo, mi ritrovai quasi senza accorgermene nei pressi del topless bar dove avevo vissuto la breve ma intensa love-story con la spogliarellista: un ometto diverso da quello della volta precedente mi porse lo stesso volantino pubblicitario, "World of Sex", con l'illustrazione della donnina nuda e l'indirizzo. "Eureka!" dissi fra me e me. Presi il volantino, raggiunsi il locale, a quell'ora ancora semivuoto, e chiesi a una barista se potevo parlare con il proprietario. Quella non capì. Dovetti ripetere due o tre volte, "the boss, the boss, I want to speak with boss". Indicai il volantino, e forse capì, o forse no: comunque mi fece segno di aspettare e scomparve in un corridoio. Intanto ero seduto lì, al bancone, finalmente al fresco dell'aria condizionata, imbevuto da quel profumo vagamente erotico di deodorante alla menta; e a un palmo dal mio naso, una ragazza, be', diciamo un donnone di mezza età, agitava le chiappe. Le ballerine migliori, evidentemente, le tenevano per la sera, quando il locale era pieno: queste del turno di giorno erano gli scarti. Qualcuno mi diede un colpetto su una spalla, mi girai e vidi un marcantonio che mi squadrava con aria interrogativa. "Good morning, sir," gli dissi, anche se chiaramente non era più "morning", dalla sua faccia non doveva essere stato nemmeno molto "good" e del "sir", lui, non aveva proprio l'aria. Provai di nuovo a spiegare cosa volevo. Incredibilmente, capì. Prese una matita e annotò qualcosa sul retro del volantino che tenevo in mano: sei ore al giorno, orario dalle sei a mezzanotte, tre giorni alla settimana, duecentocinquanta dollari al mese. Esattamente il mio affitto. Ed era un orario che mi permetteva tranquillamente di leggere i quotidiani e scrivere tutto il giorno, per poi presentarmi al topless bar. Ci avessi aggiunto qualche ora settimanale di lezioni d'italiano, mi sarei assicurato abbastanza soldi anche per il vitto e i giornali. La sopravvivenza a New York, in altre parole, era garantita, in attesa della gloria. "Okay, thank you, okay," risposi. Lui disse in turcomanno, "rat uagat ciu row", o giù di lì, e solo dopo un po', mentre già ero fuori e camminavo come in trance, sperai che significasse "cominci domani alle sei".

La mia routine, dal giorno dopo, si fece frenetica. Mi alzavo verso le sette, facevo colazione a casa con un caffè solubile e due uova fritte, andavo a comprare il "New York Times", il "New York Post" e il "Daily News" all'edicola più vicina, tornavo a casa a leggere, ritagliare, scrivere, verso le tre mi preparavo un sandwich, poi andavo all'ufficio postale a imbucare i miei articoli, al ritorno se c'era bisogno facevo un po' di spesa e, tre giorni alla settimana, alle sei meno dieci mi presentavo davanti al topless bar. Lì ricevevo un pacco di volantini pubblicitari del locale, quindi andavo a piazzarmi a due isolati di distanza, in direzione della Quinta Avenue, alla ricerca di clienti per bene da spennare, mi pareva di capire. Portavo con me un panino e ogni tanto gli davo un morso. Non ero mai stato sei ore di fila fermo in piedi; meno che mai sotto il sole cocente della giungla d'asfalto. Avevo la camicia incollata alla schiena, le mutande bagnate, puzzavo come un caprone. Mi facevano male le piante dei piedi, le gambe, la schiena. L'unica distrazione erano le facce dei passanti, quando gli mettevo in mano quel volantino con la donnina nuda: sorpresi, eccitati, divertiti, scandalizzati. Qualcuno lo lasciava cadere subito per terra, qualcun altro se lo metteva in tasca, qualcun altro ancora lo appallottolava e me lo tirava addosso. E se qualcuno mi avesse riconosciuto? Se fosse passato di lì un mio conoscente in vacanza a New York, un mio ex insegnante, un parente? "Ma come, non eri andato in America per fare il giornalista, lo scrittore? Cosa ci fai qui?": oddio, che figura. "No, che avete capito, sto facendo un'inchiesta sul mercato del sesso, mi sono fatto assumere sotto falsa identità, non ditelo a nessuno." Ma il pensiero dei duecentocinquanta dollari al mese mi dava la forza per resistere. Il boss non aveva chiesto niente, non solo se ero italiano e avevo il permesso di lavoro, ma nemmeno come mi chiamavo. Speravo solo che non fosse un imbroglio e che poi mi pagasse. Il boss, per la verità, non l'avevo più visto: a darmi i volantini era il buttafuori, quello col cappello da cowboy, a cui restituivo quelli eventualmente rimasti, verso mezzanotte, quando stanco morto mi trascinavo verso casa.

Dopo la prima settimana – forse impietosito dal mio aspetto, forse perché era previsto dal contratto dei distributori di volantini –, quando a mezzanotte tornai al topless bar il buttafuori, invece di darmi una pacca sulla spalla, spalancò la tenda e mi indicò uno sgabello, dicendo "gedyrslfabar", che dopo un po' capii voleva dire "prenditi una birra, offre la ditta". Così feci. E tre sere alla settimana, da mezzanotte fino a quando pareva a me, potevo restare lì, a far durare la mia birra più che potevo, eventualmente ordinandone una seconda a mie spese, al fresco, con tutto quel ben di Dio intorno. Le ragazze erano sempre le stesse e ormai mi conoscevano, sapevano chi ero e che da me non avrebbero visto un dollaro, perciò mi ignoravano. Una sera riconobbi quella che avrei voluto redimere, amare selvaggiamente e forse, chissà, sposare: vedendo che la fissavo con insistenza, per capire se anche lei si ricordava di me, mi fece una linguaccia e scoppiò a ridere. Ma non rideva di me, credo; rideva della vita assurda che facevamo tutti, lì dentro: e quel riso mi parve rivelare una consapevolezza che la elevava al di sopra delle sue colleghe. Il nostro era un amore impossibile, decisi, ma ci eravamo riconosciuti come due esseri umani su questa terra. Compiaciuto di quel pensiero da romanzo, diedi un ultimo tiro con voluttà, sbuffai fuori il fumo dalle narici, spensi la sigaretta e uscii. Era l'una passata. Le luci al neon di Broadway fiammeggiavano nella notte. La grande calura del giorno era stata rimpiazzata da una leggera brezza estiva, che portava via il puzzo degli enormi cumuli di spazzatura accatastati lungo i marciapiedi.

Tornato a casa, come in preda a una frenesia scrissi una lettera al mio amico Tommi, descrivendogli per filo e per segno le sensazioni che avevo provato, la mia solitudine piena di dignità, che mi dava forza anziché disperazione. *C'erano milioni di persone intorno a me, ma ero completamente solo*, conclusi, prima di firmare con uno svolazzo: era una frase che sapevo a memoria, una citazione da *Tropico del Cancro* di Henry Miller, sui suoi anni di povertà a Parigi prima di diventare un grande scrittore. Sperai che Tommi non la riconoscesse.

4.

A LETTO ERA PROBABILMENTE UNA TIGRE

Non vivevo da solo, a Hell's Kitchen. Quando accendevo la luce in cucina, a tarda notte, rientrando dal volantinaggio al topless bar, un fruscio attraversava la stanza e una distesa di animaletti scuri correva a nascondersi sparpagliandosi in tutte le direzioni. Correvano sul tavolino, sul frigo, sul bordo della vasca da bagno – abili come equilibristi, non ci cascavano mai dentro –, correvano naturalmente sulle mattonelle, andando a infilarsi negli interstizi tra il pavimento e la parete, irraggiungibili e sicuri, nelle loro tane. L'appartamento era invaso dagli scarafaggi. Non scarafaggi qualsiasi: scarafaggi newyorkesi. "Cockroaches", in inglese: già il nome fa presagire un mostro. Più grossi, più veloci, più aggressivi, dei nostri. Insaziabili. Temerari. E disgustosi. Quando ne schiacciavo uno sotto la scarpa, produceva uno schiocco rumoroso come una fucilata, un "crack" che mi lasciava inorridito: alzata l'arma del delitto, vedevo la carcassa fracassata, un abominevole liquido biancastro che si spargeva intorno e magari anche un paio di zampette che continuavano ad agitarsi frenetiche. Avevo il vomito in gola, mentre prendevo un pezzo di carta di giornale, ci avvolgevo dentro la preda e la buttavo giù nel cesso. Tiravo lo sciacquone due o tre volte, per sicurezza; ma mi restava il dubbio che, come in un film dell'orrore, la bestiaccia immonda non fosse morta, potesse riprendersi, sgusciare fuori dal sudario di carta di giornale, risalire controcorrente lungo le tubature delle fogne, arrampicarsi caparbia fino alla tazza del mio water e da lì ritornare in cucina, pronta a compiere la sua vendetta su colui che aveva creduto di eliminarla così facilmente.

Non ero il solo a soffrire di questi incubi: gli scarafaggi erano uno degli argomenti preferiti di conversazione, a New York, specie d'estate, quando il caldo li spingeva a uscire dai loro covi e ad assaltare le montagne di spazzatura, le dispense dei ristoranti, i frigoriferi delle case. Ce n'era una specie gigante, tre o quattro volte più grande della media: se te ne trovavi fra i piedi un esemplare, per strada, era peggio di un topo di fogna, impossibile non cacciare un urlo. E un'altra specie era munita di ali, per cui quando piombavi addosso a uno di questi pensando di ucciderlo, swish, lui volava via, come una libellula. Sempre che non avesse deciso, invece, di attaccarti in piena faccia. Supermercati e botteghe straripavano di congegni per eliminare gli scarafaggi – trappole che sembravano fatte per topi, cassette in cui un odore pungente attirava quei mostri e una sostanza viscida li imprigionava, oltre naturalmente ai soliti spray. In realtà, nessuno funzionava davvero: gli unici in grado di liberarti veramente dagli scarafaggi erano gli "exterminator", gli sterminatori, proprio così si chiamavano gli specialisti del ramo, una categoria di lavoratori che si guadagnava da vivere andando in giro per New York a ripulire le case dagli scarafaggi con indosso una specie di casco da palombaro e spargendo in ogni angolo della casa cortine fumogene, velenose al punto che bisognava lasciar aperte le finestre due giorni prima di poterci tornare ad abitare.

I soldi per gli sterminatori, comunque, non ce li avevo: non rimaneva che accettare la convivenza. Tenevo la cucina lustra come uno specchio, lavavo ogni piatto, tazza, posata, appena utilizzato, sigillavo con il nastro adesivo gli sportelli dell'unica credenza perché le immonde bestiacce non andassero a passeggio sui miei piatti, chiudevo in frigorifero ogni cibo commestibile – anche lo zucchero, l'olio e il pane. Ma loro gironzolavano lo stesso, a caccia di una briciola dimenticata, oppure così, per sport, convinti che prima o poi qualcosa da addentare l'avrebbero trovata. Provai a indagare tra i vicini di casa, ma non ne cavai un granché, anche perché quelli parlavano spagnolo, più che inglese. Hell's Kitchen, come mi aveva avvertito Mary, era abitato da portoricani: l'unico bianco, nel mio caseggiato, ero io. Ma nel quartiere, a ben guardare, qualche altro bianco c'era, e presto capii dove si ritrovavano: al bar all'angolo della Decima Strada, quello dove avevo preso il caffè mentre decidevo cosa rispondere all'avvocato Peter Giaimo, un mattino. Era un bar un po' troppo carino per un quartiere come quello; per questo, forse, ci andavano solo i bianchi, non c'era mai neanche un portoricano. Quando volevo trattarmi bene, se volevo concedermi un piccolo premio, o facevo colazione con un dollaro nel diner sull'Undicesima Strada, frequentato da tassisti, operai, facchini del porto, o prendevo un caffè, per la stessa cifra, al bar sulla Decima, frequentato da bianchi con un'aria vagamente intellettuale. Feci conoscenza col barista, quello che mi aveva strizzato l'occhio e che mi era sembrato simpatico a prima vista. Doveva avere tre o quattro anni più di me, ma mi sembrava più grande, più adulto, più uomo. Sarà stato per via della sicurezza che emanava, del carisma con cui conquistava tutti quelli che mettevano piede nel bar. Aveva una battuta e una parola per ognuno dei clienti: dato che tra un caffè e l'altro si era fatto raccontare chi ero, mi aveva soprannominato "newspaperman", giornalista. Un giorno gli chiesi che faceva. "Faccio il caffè, non vedi amico?" replicò col suo sorriso suadente. Voglio dire, cercai di spiegare, cosa fai *davvero*, non posso credere che fai solo il caffè. "Be', hai indovinato, newspaperman. Faccio l'attore. Mai sentito parlare di Bruce Willis?" Risposi che no, purtroppo non ne avevo sentito parlare. Allora estrasse da sotto il grembiule una locandina per uno spettacolo "off-off Broadway", in un teatrino piccolo piccolo, fece un gesto con le braccia come a dire che non era più grande del bar. "E ci sei tu, nello spettacolo?" "Ci sono io, sissignore, un giorno magari vieni a vedermi e te ne convincerai." Disse che studiava all'Actor's Studio, la famosa scuola di recitazione da cui erano usciti Marlon Brando e Robert De Niro. Spalancai la bocca per l'ammirazione, ma Bruce mi strizzò nuovamente l'occhio, come la prima volta, per cui non sapevo se credergli davvero. "Anch'io mi arrangio, in attesa di diventare davvero un corrispondente dall'estero," cominciai a dirgli, "distribuisco..." Stavo per dire distribuisco ai passanti i volantini di un topless bar, ma improvvisamente me ne vergognai: del resto non lo avevo ancora detto a nessuno. "Distribuisco... voglio dire, do lezioni private, lezioni d'italiano," terminai la frase. "A me non servirebbe," rispose Bruce. "So già parlare italiano. Pizza, amore, ciao bella," e corse a un altro tavolo canticchiando.

Era la verità. Avevo cominciato a dare lezioni d'italiano. Ave-

vo un unico studente. Anzi, studentessa. Una cinese, si chiamava
Liu Lin. Cinese di Giava. Nonostante tutti i bigliettini col mio numero di telefono che avevo attaccato sulla bacheca di quattro o cinque università newyorkesi, era stata l'unica a chiamare. Doveva dare un esame d'italiano e voleva esercitarsi con un po' di conversazione, mi aveva spiegato al telefono. C'era voluto un bel po' per
spiegarlo, perché l'inglese della cinesina era perfino peggiore del
mio: scusa tanto, avrei voluto dirle, non pensi che dovresti prima
esercitarti un po' con l'inglese e poi, eventualmente, preoccuparti
dell'italiano? Ma non glielo dissi. Liu aveva una trentina d'anni, era
tornata all'università per migliorare le sue prospettive di lavoro:
sebbene non avessi ben capito, dai suoi discorsi, né che lavoro faceva, né a quale corso universitario era iscritta. Però pagava quindici dollari l'ora, quattro ore alla settimana, nei giorni liberi dal
volantinaggio per il topless bar, per le mie lezioni – o meglio, conversazioni in italiano; conversazioni che ogni tanto facevamo in un
coffe-shop o in una pizzeria, dove lei pagava anche il conto. Insomma: era una manna, mi sfamava e ci guadagnavo pure. Inoltre, mi faceva compagnia: a parte Bruce, il barista del caffè all'angolo, e il cowboy e la ballerina del topless bar – con i quali però
quasi non scambiavo parola –, era l'unico essere umano che potessi considerare quasi un amico. A un certo punto mi venne il sospetto che non dovesse dare alcun esame: il suo italiano, in effetti, era pessimo; e spesso, dopo un po' di conversazione, appariva
così stressata dallo sforzo di modulare parole nella mia lingua che
le proponevo una pausa. Lei accettava con entusiasmo e passava-
mo all'inglese, che le provocava meno stress. Mi venne anche l'i-
dea, un giorno, di piacerle; e mentre parlavamo di questo e di quello cominciò a ronzarmi in testa la possibilità di farmela. Era pic-
colina, fragile, magra, insomma, non proprio una bomba del sesso; però vedevo a caratteri cubitali la frase che avrei scritto al mio
amico Tommi: "Ho una relazione con una cinese di Giava di tren-
tadue anni!". Va' mo là, prendi, lega, insacca e porta a casa. Provavo a immaginarmela a letto, pensavo a quello che avremmo fatto. Il problema era che, a parte di non essere sicuro di piacerle,
non ero nemmeno sicuro che lei piacesse a me; anzi, delle due pro-
pendevo per il no: non era per niente sexy. Non aveva proprio
niente che mi attirasse, non il volto, non il corpo, niente di nien-

te. Giusto l'esotismo, il fatto di essere cinese, le faceva guadagnare qualche punto. Qualche altro punto glielo faceva guadagnare il fatto che non andavo a letto con una donna da troppo tempo. La mia ultima relazione, in Italia, mi pareva lontana nel tempo come le guerre puniche, sebbene fosse passato solo qualche mese. E da quando ero a New York, le uniche relazioni che avevo avuto, peraltro con pochi risultati, erano state quelle con le spogliarelliste del topless bar e con le entraîneuse dei sex shop della 42esima strada, affacciato alla finestrella che si apre e si chiude nella cabina, dove ero tornato qualche volta – solo per documentarmi, naturalmente, così mi dicevo, in previsione di scriverci un articolo. Non pensavo di avere le opportunità, né il denaro, per conoscere donne al di fuori di quelle situazioni. C'era stato l'incontro con Mary, ma quella neanche a pensarci. Mi masturbavo regolarmente tutte le mattine – l'unico mezzo per costringersi ad alzarsi dal letto, come diceva un mio amico bolognese: non si può restare tutti appiccicaticci sotto le lenzuola. C'erano le prostitute lungo la Dodicesima Avenue, che battevano tra ubriaconi e drogati, a qualche isolato da casa mia: le vedevo dalla finestra, la sera, con le gambe ossute, le labbra scarlatte, i magnaccia in attesa appoggiati alle auto. Ma mi facevano paura solo a guardarle, e non solo all'idea di quante malattie avevano addosso. E adesso c'era questa Liu – la mia studentessa cinese.

Una sera, decisi di provarci. Presi il coraggio a due mani e chiesi a Bruce Willis se aveva un paio di biglietti omaggio per il suo spettacolo: mi guardò divertito, disse qualcosa sul mio amore per il teatro d'avanguardia, rise, comunque promise che me li avrebbe procurati. La volta successiva me li portò insieme al caffè: aggiunse che dopo lo spettacolo ci sarebbe stata una festicciola, io e la mia accompagnatrice potevamo considerarci invitati. Il mio primo party americano! Un party con gente di teatro, artisti, intellettuali! Che figurone con Liu. Alla lezione successiva, le proposi la serata: teatro e party. Accettò con entusiasmo. Cercavo di immaginare come sarebbe venuta vestita: in kimono, forse? No, che scemenza, il kimono era l'abito tradizionale giapponese, non cinese. Sarebbe venuta, ecco, con un abito di seta nero, semplice, con uno spacco fino alla coscia, e scarpine di vernice con il tacco a spillo. Un fiore rosso nei capelli, forse. Piccola, ma compatta. Un fascio di nervi. Una cerbiatta.

Venne in jeans e scarpe da tennis. Seduti vicini, nel buio del teatrino, cercavo di domare la delusione. Decisi di concentrarmi sullo spettacolo. Bruce, in effetti, mi pareva bravissimo. Non capivo niente di quello che diceva, ma ogni volta che entrava in scena era come se gli altri attori scomparissero: come se qualcuno da dietro le quinte accendesse un riflettore e lo puntasse su di lui. Il suo carisma, che noi clienti del bar ben conoscevamo, qui era ancora più evidente; e la sua determinazione a farsi notare, ad affermarsi, a farcela, quasi rabbiosa. Ecco, pensai, un uomo che deve servirmi da esempio. Forse non era stato un caso averlo incontrato. Rinfrancato da questo ennesimo segno del destino, mi domandai se il fato aveva messo sulla mia strada anche la piccola Liu. Lo spettacolo intanto era giunto al secondo e ultimo atto. Quello era il momento di passarle un braccio dietro le spalle: lei vi si sarebbe potuta appoggiare languidamente e presto ci saremmo uniti in un bacio. Che importanza aveva, in fondo, il modo in cui era vestita? Sotto quegli abiti trasandati poteva celare un corpo da cerbiatta. Un – come avevo detto tra me e me? – "fascio di nervi". A letto, ci avrei scommesso, era probabilmente una tigre.

Le passai il braccio dietro le spalle: Liu non si appoggiò, ma nemmeno si ritrasse, continuando a seguire con la massima concentrazione quello che avveniva sul palcoscenico, come rapita. Ne approfittai per cominciare ad avvicinare impercettibilmente il mio viso al suo, quando notai qualcosa. O meglio: notai che *mancava* qualcosa. Fissandola così intensamente, così da vicino, mi accorsi di un particolare che durante le nostre lezioni mi era sempre sfuggito: al suo volto mancava un elemento. Un tratto caratteristico della maggioranza degli esseri umani. Liu non aveva il naso. Gli asiatici non ce l'hanno pronunciato come quello di un occidentale, ma il suo era talmente appiattito da far credere che glielo avessero tagliato da bambina. Poteva darsi che mi sbagliassi, che fosse un effetto del buio in sala: ma ormai avevo perso ogni slancio poetico, e soprattutto erotico. Ritrassi il braccio, fortunatamente senza che Liu lo notasse, e mi concentrai anch'io sul palcoscenico.

Alla fine dello spettacolo aspettammo Bruce all'uscita degli artisti, discorrendo del più e del meno: "Adesso parliamo in italiano," le proposi, con la scusa di ripassare la lezione, in realtà con l'intento di ristabilire un legame puramente professionale tra di noi, qualora nella sua testa avesse cominciato a prendere forma qualche idea sbagliata.

Il party era in un loft a pochi isolati di distanza. Bruce lo dominò allo stesso modo in cui aveva dominato lo spettacolo e dominava il bar. C'erano svariate donne interessanti, ma un po' per l'handicap della lingua – il mio inglese era ancora incerto –, un po' perché mi sentivo a disagio all'idea di essere catalogato come il boyfriend di Liu ("Ma li hai visti quei due? Sì, quel tipo, lì, vicino alla cinese senza naso"), non restammo molto. La accompagnai alla subway e mentre lei mi stava ringraziando e salutando presi un treno nella direzione opposta gridando: "Ecco il mio treno, scusa, devo andare!" senza neanche badare a dove andava, purché mi portasse lontano da lì.

Caddi in uno stato di prostrazione.

Sentivo nostalgia della ragazza che avevo avuto in Italia. Sentivo nostalgia delle ragazze italiane, anche di quelle che non avevo avuto. Sentivo nostalgia perfino dei ragazzi italiani, insomma di tutto ciò che aveva a che fare con il mio paese. Mi mancava l'Italia. Ormai ero via da un mese e mezzo, le uniche notizie mi erano giunte per lettera e in un paio di rapide collect call a mia madre. Non avevo più parlato con un italiano – un italiano vero, non italoamericano come Nick e la sua famiglia – dal giorno del mio arrivo. Avevo bisogno di ritrovare un po' del mio paese e all'improvviso pensai che forse sapevo come. A New York c'era una famosa libreria italiana, Rizzoli, sulla Quinta Avenue: lo avevo letto su una guida. Un pomeriggio decisi di andarci.

Era splendida, con musica classica in sottofondo, librai dall'aspetto regale e una clientela raffinata, elegante, tutti con l'aria di essere appena usciti da un film di Woody Allen. Esplorai la libreria con calma, da cima a fondo, finché non arrivai in una stanzetta sul retro dov'erano disposti in bell'ordine giornali e riviste italiani. C'erano pile di tutti i maggiori quotidiani, settimanali e mensili patinati: erano organizzati come in una biblioteca, di modo che era possibile sfogliarli comodamente, senza essere costretti a comprarli. Mancava solo una poltrona in cui sprofondare: ma era tanto tempo che non vedevo un giornale italiano che stavo benissimo anche in piedi. Lessi "la Repubblica", il mio quotidiano preferito, dalla prima all'ultima pagina. Poi passai al "Corriere della Sera" e alla

"Stampa". Nessuno faceva caso a me, nessuno avrebbe sospettato che alla Rizzoli, in un posto così chic, un giovanotto squattrinato venisse a leggerli, i giornali italiani, anziché ad acquistarli. Rimisi al suo posto "La Stampa" e presi da un'altra pila la "Gazzetta dello Sport", dando un'occhiata furtiva intorno per accertarmi che nessuno avesse notato la mia prolungata presenza al bancone dei quotidiani. Nessuno mi badava.

Fui io a notare, però, in mezzo all'andirivieni di uomini e donne sofisticati, una figura lungo la parete opposta che sembrava leggermente fuori posto, proprio come me. Aveva con sé un accessorio così strano che era impossibile non notarlo: eppure sembrava che nessuno gli prestasse attenzione. Si vede che i clienti erano troppo concentrati su se stessi per osservare un altro essere umano. Anche un essere umano come quello, che teneva a tracolla un fascio di briglie. Proprio briglie, di pelle nera, roba per cavalli. Incuriosito, posai la "Gazzetta" senza averla letta e mi spostai per guardarlo in faccia, l'uomo con le briglie. Mi venisse un colpo! Bruno! Quello era il mio vecchio amico Bruno di Bologna, uno dei miei compagni di università, di scorribande e sogni di gloria, appena qualche anno più grande di me. Sapevo che era partito per l'America qualche mese prima che anch'io mi avventurassi oltreoceano, sapevo che probabilmente era a New York: ma dove, con precisione, lo ignoravo. E dal momento che non avevo il suo indirizzo, né il suo numero di telefono, non avevo nemmeno la minima idea di dove trovarlo in quel brulicante formicaio umano. Sentii l'affetto e la commozione salirmi alla gola: un italiano, un bolognese, un amico vero, finalmente! Gli andai incontro per abbracciarlo. Ma anche lui in quel momento alzò lo sguardo, mi riconobbe e mi fulminò con un'occhiataccia il cui significato era inequivocabile: non ci provare! Non fare casino! Stattene buono! Abbassai le braccia con cui avrei voluto stringerlo, ma gli andai vicino lo stesso, con aria noncurante, come una spia che sfiora casualmente un informatore e scambia segreti senza che nessuno se ne accorga. "Stai buono," biascicò Bruno, quando gli fui a fianco. "Sto cercando di rubare una mappa di New York. Ecco, mettiti lì, così copri la visuale della cassa, mentre la faccio scivolare dentro i pantaloni." Obbedii, e dieci secondi dopo eravamo in strada, dove finalmente ci abbracciammo come non avevamo potuto fare all'interno. "Ma che cavolo ci fai con quelle briglie?" domandai facendo un passo indietro per guardarlo meglio. "Il cocchiere," rispose lui compunto, prendendole in mano come se fosse sul predellino di un calesse. Portava i turisti in carrozza a Central Park: aveva appena cominciato e il giorno prima una famigliola di americani gli aveva chiesto di condurli a un'uscita del parco a cui lui non sapeva come arrivare, si era perduto, era venuto buio e quelli erano scesi dalla carrozza arrabbiatissimi, rifiutandosi di pagarlo. Per questo aveva rubato la mappa. La mappa doveva costare pochi dollari: evidentemente, nemmeno Bruno navigava nell'oro. Ma l'incontro andava comunque festeggiato: ci fermammo a prendere un caffè insieme sul trespolo di un bar. Bruno mi raccontò che nei mesi precedenti aveva fatto il cameriere, il muratore, il tassista, il venditore ambulante e ora, appunto, il cocchiere; questo dopo aver raddoppiato un paio di volte il suo piccolo capitale di partenza facendo finta – anche lui! – di aver perduto i traveller cheque. Mi mise al corrente dei suoi piani per trovare un lavoro più adeguato alle sue ambizioni: stava scrivendo una sceneggiatura, in inglese, sperava di piazzarla a Hollywood con l'aiuto di un amico di un amico di un amico. Bruno. Sempre il solito. Mai un lavoro normale, sempre grandi progetti che però raramente si concretizzavano; era così anche a Bologna. Ma riusciva comunque a cavarsela egregiamente, era un maestro nell'arte dei sotterfugi e della sopravvivenza.

Sembrava, in effetti, messo meglio di me: aveva un appartamentino in affitto al Greenwich Village, non nella "cucina dell'inferno", preso insieme a un "poeta rivoluzionario americano", come lui lo definiva; aveva la ragazza, un'americana, e che americana!, figlia di un miliardario che abitava nello stesso palazzo di David Rockefeller, ma che era fuggita di casa e per il momento viveva, come lui, di espedienti. A proposito dei quali, mi diede subito una dritta: numeri di carte di credito telefoniche della Texaco e di un paio di altre multinazionali americane. Mi spiegò come usarli per chiamare l'Italia da qualsiasi telefono a gettoni – bastava non usare sempre lo stesso apparecchio, per prudenza, e non restarci più di mezz'ora, non si poteva mai sapere. Mi lasciò il suo numero di casa e il suo indirizzo e ci demmo appuntamento per il weekend successivo.

Buon vecchio Bruno! Facevo fatica a credere che fosse semplice come diceva lui, eppure lo era. A un telefono a gettoni composi lo zero, diedi al centralinista il numero della carta di credito della Texaco, specificando che volevo fare una "credit card call" – una telefonata pagata con una carta di credito – con l'Italia, e un attimo dopo fui messo in contatto con mia madre. L'avevo sentita due volte, sempre chiamando a suo carico: telefonate brevi, perché di soldi la mamma ne aveva pochi, giusto per dirle che stavo benissimo – mentendo – e per chiederle come stava lei – malissimo con il figlio lontano, lo sentivo dalla voce, ma mentiva a sua volta, dicendo che era tutto ok. Adesso, grazie alla generosità della compagnia petrolifera Texaco, di cui qualcuno aveva clonato o copiato il numero di una carta di credito aziendale, parlammo a lungo, tranquillamente, senza fretta. Le dissi che chiamavo dal bar di un amico, il telefono era proprio vicino alla porta – per giustificare il rumore – e che l'amico non mi faceva pagare: avrei potuto chiamarla più spesso, con quel sistema. Poi telefonai anche a due amici e alla mia ex ragazza – chissà se mi avrebbe ripreso, una volta rientrato a Bologna.

Tornando a piedi verso casa, passai vicino alla zona dei topless bar, non lontano da quello per cui lavoravo; sentivo il richiamo della carne, ma feci tintinnare gli spicci che avevo in tasca e decisi che era meglio spenderli per comprare qualcosa da mangiare. Mi rifornivo sempre nello stesso supermercato portoricano, a due isolati da casa: anche lì, come nel mio stabile, ero quasi sempre l'unico bianco. Fino a quel momento ero andato avanti con una dieta fissa: due uova fritte con pane tostato e caffè nero al mattino; un sandwich con sottilette a pranzo; un piatto di spaghetti al pomodoro o una zuppa Campbell a cena. Niente verdura, niente frutta, niente carne, niente pesce. Be', no, un po' di carne la mangiavo: avevo imparato anche a cucinare certi spaghetti in scatola, con il ragù incorporato. Bastava riscaldare la lattina in acqua ed erano pronti per essere mangiati. O quasi: erano una vera schifezza. Ma dopo le prime volte mi ero abituato e ormai mi piacevano. Quella sera però, ispirato dal furtarello di Bruno in libreria, girellando tra i banconi del supermercato mi infilai nei pantaloni due confezioni di prosciutto cotto, una bistecca e un tubetto di maionese. Non so perché lo feci, immagino per una ragione molto semplice: fame.

L'acquolina in bocca era stata un incoraggiamento irresistibile a commettere un reato. Non ce la facevo più a mangiare sempre le stesse cose. Arrivato alla cassa, dove sonnecchiava una vecchia portoricana, pagai una confezione di spaghetti, una di pane per toast e sei uova, uscendo con il resto della refurtiva dentro i pantaloni. Semplice come la credit card call col numero della Texaco. A casa, fatti i conti, mi accorsi che con una spesa di tre, quattro dollari avevo acquistato cibo per diciassette dollari: il profitto era innegabile. Mangiai due uova al prosciutto e poi anche la bistecca, condita con la maionese. Dopo, pieno da scoppiare, andai sul tetto a fumarmi una sigaretta. L'incontro con Bruno mi aveva già permesso di riallacciare i contatti con l'Italia e di mangiare meglio: pensai che forse, con un po' di fortuna e un po' di dritte come queste, ce l'avrei fatta a sopravvivere. Era il tramonto: dall'alto vidi le prostitute del primo turno che cominciavano a passeggiare lungo la Dodicesima Avenue, e i due soliti ubriaconi – o drogati, non so bene – che si preparavano la loro casetta di cartone per la notte, all'angolo della chiesa. Il cielo sopra l'Hudson e il New Jersey sembrava dipinto da un pittore che vuol farti venire il groppo alla gola: pennellate di rosa, rosso, violetto, mescolate a un azzurrino che negli angoli si scuriva, addensandosi nel blu. Pensai che forse era lo stesso cielo che vedeva Jack Kerouac al termine del suo viaggio, in quell'ultimo magistrale paragrafo di *Sulla strada*: "Così in America quando il sole va giù e io siedo sul vecchio diroccato molo sul fiume a guardare i lunghi lunghissimi cieli sopra il New Jersey", e tutto quel che segue. Lo sapevo a memoria: era una delle citazioni preferite dal mio repertorio americano. Era meraviglioso pensare di aver condiviso un'esperienza visiva con il grande Jack: quella luce fluviale dava l'impressione di poter vedere tutta l'America, lontano, lontano, fino alla California. Un giorno, chissà, ci sarei arrivato anch'io in California. Ma il mio viaggio era appena cominciato.

5.

SPREMENDOMI COME UN LIMONE

Un'afosa serata al Village: gente che balla con le radiocuffie in testa, gente che canta a squarciagola, gente che gioca a pallone, a scacchi o a dama, che vende coca e marijuana, che si bacia e che si ama, che aspetta qualcosa o qualcuno. E c'ero anch'io dentro a quel tableau vivant, nel parco di Washington Square, ad aspettare Bruno. C'eravamo dati appuntamento lì, lui era in ritardo, tanto per cambiare: faceva così anche in Italia. Ma l'attesa non mi dispiaceva. A volte Manhattan, nei quasi due mesi che ci avevo trascorso, mi era apparsa un'immensa prigione, con tutto quel cemento, quei canyon di grattacieli simili a camminamenti di trincea per giganti, una prigione fitta di cortili, corridoi, celle, carcerati, bande rivali, regole da osservare e da violare per sopravvivere, un certo numero di libertà e un certo tipo di pene e punizioni, tra cui: l'aria cattiva, il frastuono continuo, il ruggito sotterraneo della metropolitana, l'acqua che gorgoglia rantolando nelle tubature, le sirene assordanti delle ambulanze, della polizia e degli enormi camion dei pompieri, la musica salsa che sciaborda fuori dalle radio portate in spalla da neri giganteschi a torso nudo. E poi il caldo asfissiante, l'umidità appiccicosa, il pericolo costante sempre in agguato, il muro di folla che ti trascina come pulviscolo, dove vuole lui.

Alberi che crescevano nelle crepe dell'asfalto, buche enormi scavate dalle ruspe per alzare case sempre più in verticale non essendoci più spazio in orizzontale sull'isola di Manhattan, bande di cani randagi che razziavano la notte per le strade di Harlem, edifici vuoti occupati dai senzatetto e dai tossici, falò che brillavano nella notte, senza dimenticare naturalmente il luogo più infernale e maledetto di tutti, la vera anticamera dell'inferno, dove la putrescenza raggiungeva lo zenit: la subway, la sotterranea, popolata di bande di ragazzini che si diceva non vedessero mai la luce del sole, di topi che si cibavano di cani, di barboni pazzi, drogati assassini, drag queen assatanate, travestiti rimbambiti da troppa eroina e troppi pompini. *Take a walk on the wild side*, cantava Lou Reed, e mi sembrava il giusto inno per New York: più "wild", più selvaggia, di così non si poteva. Mi sentivo mancare, in quella prigione di cemento, e allora desideravo spazi aperti, campagna in cui il silenzio è rotto solo dal ronzare delle mosche, vuoto, pace, pulizia, vasti orizzonti. Temevo che restando lì dentro, nell'isola-carcere, sarei impazzito, mi sarei ammalato. Però adesso, a Washington Square, nello spazio pur ristretto del parco, c'era un'atmosfera di serenità che mi faceva sentire meglio, come se fossi uscito dalla cella per l'ora d'aria, nonostante il poliziotto che passeggiava su e giù nervosamente agitando il manganello, tenendo d'occhio ma non troppo gli spacciatori (c'era di peggio di cui preoccuparsi, evidentemente). Nessuno aveva fretta, nel parco, il ritmo frenetico della città era rallentato, ovattato: cullati dalla musica, ci prendevamo tutti una pausa.

Bruno arrivò trafelato, come al solito. Andammo a prelevare Rachel, la sua ragazza, che smontava dal turno di cameriera in un caffè in Blecker Street; e per prima cosa lei propose di fumare un joint. Io non ne andavo pazzo, avevo sempre preferito l'alcol all'erba, ma ci sedemmo su una panchina, a un isolato dal parco, davanti a un campetto da basket dove giocavano dei neri e qualche bianco. Diedi un paio di tiri al joint giusto per non essere scortese, poi lasciai loro due sulla panchina e mi avvicinai al campetto di cemento. Erano bravissimi: un basket rapido, fisicissimo, due passaggi e tiro, un passaggio ed entrata, errore, rimbalzo, contropiede, schiacciata. Sembrava lotta libera, più che pallacanestro. Un folto pubblico faceva il tifo, altri giocatori si cambiavano a bordo campo per la sfida successiva. Quando ero ancora in Italia e scrivere di basket era il mio modo per raggranellare qualche soldo, avevo sentito parlare del torneo estivo della Quarta Strada, dove campioni sul viale del tramonto e giovani promesse si affrontavano nella speranza di essere notati da qualche allenatore, dirigente, talent scout e ottenere un contratto per giocare nelle leghe minori Usa o in Europa. Studiai con più attenzione i giocatori, che sulle prime mi erano sembrati tutti uguali: in maggioranza neri, muscolosi, elastici, velocissimi. Mi parve di riconoscerne uno. Possibile? Ma sì, era lui, proprio lui, Charlie Yelverton: aveva giocato per anni come straniero nella Mobilgirgi Varese, era un piccoletto per gli standard del basket – arrivava sì e no a un metro e novanta –, ma con due gambe al fulmicotone che gli permettevano di schiacciare agevolmente a canestro. E diverso dagli altri, dai soliti giocatori americani che sbarcavano nel nostro paese da qualche college di provincia, senza conoscere niente del mondo e quasi niente all'infuori del basket. Charlie Yelverton no, da ragazzo aveva girato dappertutto in autostop, amava il jazz e suonava il sax, abbastanza bene da far parte di una band di dilettanti. Aveva una barbetta che gli dava un'aria a metà tra il predicatore e l'artista. Lo guardai mentre fintava, saltava il difensore, fingeva di buttarsi a canestro e poi con un'impennata si alzava e un morbido tiro in sospensione andava a segno con un perfetto "ciuff". Bruno era impegnato in una conversazione con Rachel, perciò rimasi a guardare la partita fino alla fine. La squadra di Yelverton aveva perso e stava uscendo dal campo. Non lo avevo mai intervistato nella mia carriera di giornalista di basket, ma sapevo che aveva imparato decentemente l'italiano nei suoi anni a Varese. Mi feci coraggio e lo puntai. "Ciao, Charlie. Sono..." Esitai, mentre lui mi guardava e mi domandai se era poi vero che parlava l'italiano e soprattutto che cosa avrei dovuto dirgli che ero, visto che ero il primo a non esserne sicuro. Ma non c'era scelta, ormai: "Sono un giornalista italiano, scrivevo di basket da Bologna, adesso vivo qui". E mi parve, con quell'affermazione, di avergli dato una notizia di estremo interesse. Se non curioso, Charlie si dimostrò per lo meno gentile: chiese se mi piaceva New York, se giocavo a basket anch'io e se avevo notizie fresche della Mobilgirgi, la sua vecchia squadra. Gli dissi il poco che sapevo, poi domandai se mi avrebbe dato un'intervista: sarebbe stata un bel colpo per "Superbasket". "Perché no?" rispose. "Ma non ora." Chiese se mi andava bene vederci due giorni dopo, all'ora di pranzo. Mi augurai che non intendesse "a pranzo": in questi casi, lo sapevo, la prassi vuole che sia il giornalista a offrire. Comunque accettai: ci saremmo rivisti proprio lì, davanti al campetto della Quarta Strada, verso mezzogiorno.

Bruno ci trascinò, me e Rachel, prima in un ristorantino afrocaraibico del Greenwich Village, poi a casa sua, nel West Village, dove fummo raggiunti da altre coppie di francesi, tedeschi, americani. Quindi uscimmo di nuovo, con l'obiettivo di ubriacarci di birra in un bar a due passi da casa, su Christopher Street. Era pieno di travestiti e di gay: quella era la zona omosessuale di New York, non avevo mai visto così tanti uomini girare abbracciati per strada, baciarsi, toccarsi. I più disinibiti erano i "macho men", omosessuali con muscoli da culturista vestiti da capo a piedi di pelle nera. Mi pareva di essere sbarcato su un altro pianeta, ma li guardavo con la coda dell'occhio per non sembrare provinciale, visto che nessun altro a parte me sembrava farci caso. Dopo l'ubriacatura di birra andammo a casa di uno degli amici di Bruno, dove restammo a fumare, parlare e ballare fino a notte fonda. Era, almeno così mi pareva, una vera serata newyorkese. Più che altro ascoltai, senza capire granché, visto che parlavano tutti in inglese, tranne Bruno, che ogni tanto mi diceva qualcosa in italiano; e di ballare non avevo voglia. Non ero di buon umore. Pensavo che, tra il ristorante e il bar, avevo speso decisamente più di quanto mi sarei potuto permettere. Continuavo a mantenermi con il volantinaggio davanti al topless bar e con le lezioni private alla mia cinesina, sulla quale, dopo aver accantonato ogni mira erotica, mi sfogavo con severità eccessiva, facendomi beffe della sua ridicola pronuncia secondo i peggiori stereotipi: "Non si dice 'buonasela, signolina', si dice 'buonasera, signorina'". E continuavo a spedire valanghe di articoli a destinatari che non li avevano richiesti, non se li aspettavano e probabilmente neppure li volevano: a Lecce, Cagliari, Trento, Trieste, Perugia, Catania. Avevo usato le carte di credito della Texaco per telefonare e ritelefonare all'amministrazione dei due soli giornali che sapevano della mia esistenza, "Superbasket" e il "Corriere del Ticino", ma a Milano mi avevano risposto di aver pazienza e a Lugano – più garbati e precisi, gli svizzeri – che ogni articolo sarebbe andato in pagamento due mesi esatti dopo la pubblicazione, quindi tra non molto avrebbero staccato il primo assegno. Mi rendevo conto che scrivere, fino a quel momento, era stata un'impresa totalmente in passivo: avevo solo speso – per i giornali, per la carta, le buste, i francobolli – senza guadagnare un centesimo. Decisi che era venuto il momento di risparmiare anche su quello.

Ecco perché la mattina dopo, invece che nella sola cartoleria vicino a casa, andai a fare rifornimento di cancelleria da Macy's, un grande magazzino sempre molto affollato. Nel casino generale mi riempii tasche e pantaloni di buste, carta da lettere, matite, biro. Nessuno si accorse di nulla, ma io mentalmente vedevo già i titoli: GIORNALISTA ITALIANO ARRESTATO PER FURTO DA MACY'S, TUTTI I PARTICOLARI IN CRONACA. Sarebbe stata la fine precoce della mia carriera americana. Fortuna, ripetevo fra me e me, che non ero davvero un "giornalista italiano", se non nella mia immaginazione: ero un dilettante allo sbaraglio, un sognatore incallito, tutto qui. Il mio arresto non avrebbe fatto neanche notizia: al massimo, ne avrei ricavato un calcio nel sedere.

Il caldo mi asfissiava. Più ancora che cibo, desideravo abiti nuovi. Il mio guardaroba era limitato a due paia di logori jeans e qualche camicia, che lavavo insieme alla biancheria in una lavanderia a gettoni vicino a casa. Mi sentivo inadeguato, vestito in quel modo. Sbavavo dietro alle dee in tacchi a spillo e minigonna che ondeggiavano sinuose sulla Quinta Avenue o su Park Avenue, e provavo un'invidia cocente per gli uomini, così freschi nelle ore più calde della giornata, perfettamente asciutti: i loro abiti erano leggeri e profumati quanto i miei erano sudati e stropicciati. Mentre camminavo sull'asfalto rovente, immaginavo la freschezza del mare, la schiuma delle onde, la doccia all'aperto dopo un bagno nel tardo pomeriggio, quando il sole sta per scomparire dietro l'orizzonte e in spiaggia non c'è più nessuno. Quelle visioni mi turbavano come un miraggio. Desideravo abiti di lino, di cotone, immacolati: gli uomini che mi sfrecciavano davanti sulla Quinta Avenue non sembravano neanche sfiorati dalla calura, dall'umidità che riempiva il mio corpo di goccioline, spremendomi come un limone.

A Hell's Kitchen, in compenso, uomini così non ce n'erano: erano tutti, o quasi, come me. Anche l'avvocato Peter Giaimo, quando gli portavo l'affitto, sudava sotto il ventilatore a pale che pendeva dal soffitto: aveva due chiazze scure sotto le ascelle. E se io temevo di impazzire per il caldo, qualcuno impazziva sul serio: un mattino mi passò di fianco un portoricano, correndo a razzo, gridando come un ossesso, completamente nudo. Il bello è che nessuno lo degnò di uno sguardo, come se fosse perfettamente normale. Avrebbe potuto unirsi ai bambini che facevano la doccia sotto un idrante sfondato, invece continuò a correre, verso l'Undicesima Strada, e poi la Dodicesima, forse per andare a tuffarsi nell'Hudson.

Venne la mattina del mio appuntamento con Charlie Yelverton. Lui era già lì ad aspettarmi, all'altezza del campo da basket, dentro a una Ford lunga così, con l'aria condizionata al massimo. "Andiamo a mangiare qualcosa e parliamo a tavola?" propose. Allargai le braccia, come a dire che io non avevo fame ma, se aveva fame lui, per educazione sarei stato felice di accompagnarlo e, se proprio costretto, avrei sbocconcellato un pezzetto di pane, così, tanto per non lasciarlo mangiare da solo. Non so se dalla mia scrollatina capì tutto questo; comunque partì, e mentre guidava nel traffico cominciai a intervistarlo. Charlie chiese se ero mai stato ad Harlem: dissi di sì, in un tono talmente vago e incerto che si capiva lontano un miglio che non c'ero mai stato, ma lui generosamente finse di non accorgersene. "Ottimo, allora ti porto a mangiare la cucina del quartiere," commentò. E così ci ritrovammo sulla 123esima strada, in un ristorante dov'ero l'unico bianco e dove Charlie fu accolto con grandi festeggiamenti. Sulle prime, ordinai solo una birra; ma poi, dato che lui insisteva, scelsi quasi tutto quello che c'era nel menu, abbuffandomi per la prima volta da quando ero arrivato a New York. Era tutto veramente succulento. Charlie e io restammo insieme un paio d'ore, in cui lui mi raccontò della sua difficile giovinezza in California, di come basket e jazz gli avessero salvato la vita, dell'esperienza in Italia, dei piani per il futuro: giocare ancora un po' in Europa, magari in campionati meno impegnativi del nostro, forse in Svizzera, e poi ritirarsi sulla West Coast, in un posto dove nelle vicinanze ci fossero un campo da basket, un jazz club e una spiaggia, possibilmente. Quando portarono il conto tremai, ma lui mi tolse dall'imbarazzo: "Chi è che paga qui, il giornale o tu?". Ammisi che effettivamente avrei pagato io. Pagò Charlie: mi chiesi come mai gli era venuto il dubbio che non fossi a spese del giornale, ma evidentemente bastava guardarmi per averne la certezza. "E adesso dove vai?" chiese. Non volevo dirgli che non sapevo bene, da lì, come tornare a casa – o per lo meno in una parte di New York che conoscevo meglio e in cui ci fossero più bianchi che neri –, ma di nuovo Charlie mi trasse d'impaccio dandomi un passaggio fino alla fermata del metrò sulla 96esima strada e Lexington Avenue, al confine di Spanish Harlem, dove con mio grande sollievo vidi ricomparire per strada persone del mio stesso colore. Lungo il tragitto fece lui qualche domanda a me, su quello che avrei voluto fare. Da grande, aggiungevo io tra me e me, cosa avrei voluto fare da grande, cioè quando avrei avuto un lavoro e uno stipendio veri e avrei potuto offrire il pranzo ai miei intervistati.

Ma una volta rimesso piede nella Manhattan in cui ero più a mio agio, l'imbarazzo passò. Ero soddisfatto e inorgoglito da com'era andata. Intervistare Yelverton a New York era già un bel colpo, ma ambientare l'intervista ad Harlem era un colpo addirittura eccezionale. Scrissi un articolo in cui il basket, il jazz, Martin Luther King, Malcolm X e le lotte per i diritti civili dei neri si fondevano in un tutt'uno indissolubile. È proprio vero, ragionai, che quando fai un servizio sul posto, quando vedi le cose con i tuoi occhi, rendi infinitamente meglio l'atmosfera rispetto a quando lo ricopi dal "New York Times" o dal "New York Post". Lo rilessi e mi sembrò magistrale, una delle cose migliori che avessi mai scritto. Mi sentivo uno spirito libero come Charlie Yelverton: un suo compagno di avventura. Uniti dal basket e dal jazz, che pure a me non dispiaceva, questi due vecchi amici, uno bianco e uno nero, girovagavano in auto con la radio a tutto volume per le strade di New York, con i finestrini abbassati, fumando in silenzio, dopo essersi scambiati profonde verità sul significato dell'esistenza. Questo sì che era giornalismo!

Il buon umore mi rimase addosso per il resto della giornata. L'indomani era il mio compleanno. L'avrei celebrato come si conviene a uno spirito libero: al supermercato portoricano, sprezzante del pericolo, infilai più roba del solito nei pantaloni e perfino, in una borsa di plastica piena di giornali che avevo portato con me, una bottiglia di vino. L'idea che i gestori del supermercato mi avrebbero ammazzato di botte, se mi avessero scoperto, mi sfiorò soltanto mentre alla cassa pagavo per le tre o quattro cose che avevo messo nel carrello; ma la solita cassiera sonnolenta non mi prestava attenzione. Uscito fuori, mi sentii un eroe. Un gangster. No, un Robin Hood, che ruba ai ricchi per dare ai poveri; o magari, in questo caso, che ruba ai poveri per dare a uno ancora più povero, cioè a me. Per il mio compleanno avevo invitato Bruno, Rachel e un loro amico, il poeta "rivoluzionario" suo coinquilino; fortunatamente venne soltanto Bruno. Preferivo così, sia perché nonostante il furto al supermarket non avevo poi così tanta roba da mangiare, sia perché mi faceva piacere festeggiare con qualcuno con cui ero in confidenza. Il poeta, mi disse Bruno, giaceva riverso, ubriaco fradicio, dopo una notte ribalda; e Rachel era attesa a una delle sue rare riunioni di famiglia, a cui non poteva mancare vista la montagna di soldi che, prima o poi, avrebbe ereditato. La bottiglia di vino sarebbe bastata. Bruno ne aveva portata una seconda, in ogni modo. Avevo preparato un gran piatto di pasta al pomodoro, che nelle mie intenzioni sarebbe dovuto bastare per quattro, e spalmato delle salsine sui cracker a mo' di tartine. Finimmo la prima bottiglia con le "tartine" e attaccammo la seconda con gli spaghetti. Bruno ne sapeva molto più di me, su New York, sulla vita, sulle donne: su tutto. Ascoltarlo era un piacere, aveva un numero inesauribile di storie da raccontare. La sua sceneggiatura non aveva ancora trovato un produttore; ma lui non sembrava preoccupato. Aveva smesso di portare turisti in giro per New York in carrozza e cominciato una nuova attività come guida turistica: accompagnava piccoli gruppi, non solo di italiani, a scoprire i segreti della New York by night. Discoteche, ristoranti esotici, club "after hours" che aprivano quando l'ultima disco chiudeva, alle sette del mattino. Ma la sua specialità erano i single bar per cuori solitari, i locali per scambisti, i topless bar e i sex shop intorno alla 42esima strada, le sfilate di moda dei transessuali a Spanish Harlem. "Una volta, se vuoi, vieni anche tu, ti avverto quando ho qualcosa di speciale, così magari scrivi un articolo per uno dei tuoi giornali," disse. Si informò su come mi andavano le cose, da quel punto di vista. "Non troppo bene," confessai, nonostante l'euforia dell'intervista con Charlie Yelverton. Finché continuavo a scrivere per "Superbasket" e il "Corriere del Ticino", non sarei riuscito a guadagnare molto: uno era un settimanale di pallacanestro a cui potevano interessare al massimo tre o quattro articoli al mese, l'altro un quotidiano svizzero che utilizzava molto le agenzie di stampa e da me voleva solo qualche rifinitura, qualche articoletto di colore. Gli raccontai che spedivo volontariamente articoli su articoli per posta, a giornali che non me li chiedevano e probabilmente non li volevano. Dunque non sapevo quale altra strada tentare.

Bruno rispose che aveva per le mani qualcosa che poteva fare al caso mio – c'era sempre qualcuno che conosceva o qualcosa di cui aveva sentito parlare che poteva essere utile al suo interlocutore, era fatto così. Maurizio, un nostro comune amico bolognese anche lui tentato dal giornalismo, era appena stato assunto in una piccola agenzia di stampa a Roma. Si erano sentiti per caso al telefono pochi giorni prima, Maurizio lo aveva chiamato per chiedergli se c'era qualcuno, tra le sue conoscenze, interessato a scrivere qualcosa per loro. Be', sembrava fatta apposta per me. "Non vuoi provarci tu?" gli domandai. Scosse la testa: "Non mi piace scrivere per i giornali. Non mi sembra una cosa seria. Mi diverto di più a fare i miei strani mestieri, il cocchiere o la guida nei sex tour, per le mie ambizioni letterarie mi tengo il cinema". Mi diede il numero di telefono dell'agenzia di Maurizio e insistette perché lo chiamassi, naturalmente con la solita carta di credito della Texaco.

Lo ringraziai calorosamente. Brindammo. Ormai anche la seconda bottiglia era andata. Dalla strada, da un po' di tempo, giungevano schiamazzi continui. "Certo, questi portoricani sono proprio incivili," commentai. "Ragazzi, ma non potete imparare a parlare come i bianchi?" mi fece eco Bruno. Eravamo un po' brilli e avevamo voglia di fare gli asini, come si dice a Bologna.

"Ma dovete farvi sempre riconoscere?" (Io.)

"Parlare non vuol dire urlare!" (Lui.)

"Ma non avete un cazzo da fare tutto il giorno, tranne starvene lì a far baccano per la strada?" (Io.)

Non ce l'avevamo affatto con i portoricani, che anzi, da un punto di vista ideologico, in quanto minoranza oppressa ci erano simpatici. È che la leggera sbronza, il caldo e tutto quel casino giù in strada ci avevano fatto venire la ridarola. Era contagioso. Più cercavamo di star seri, più ridevamo. Finché notammo un pennacchio di fumo che saliva verso il cielo, in mezzo alle scale antincendio, e diventava sempre più denso e scuro. Lo capimmo entrambi nello stesso momento. Smettemmo immediatamente di ridere e ci precipitammo al davanzale: le fiamme salivano da una finestra al secondo piano e la gente, giù in strada, gridava per richiamare quelli rimasti negli appartamenti perché si mettessero in salvo. La metà inferiore del palazzo era avvolta dal fuoco. Terrorizzati, aprimmo la porta di casa e la richiudemmo subito: le scale erano invase dal fumo. Tornammo alle scale antincendio. Anche da lì, provare a passare sembrava dannatamente rischioso. Eravamo bloccati. Ci guardammo senza dire niente, probabilmente con lo stesso pensiero: morire così, in modo così stupido? Nel giorno, pensai io ancora più depresso, del mio ventiquattresimo compleanno? Non potevo crederci. Non potevamo crederci. Se fossimo stati meno tonti, o meno ubriachi, avremmo capito che quelle grida erano di allarme, di avvertimento, e avremmo fatto in tempo a correre di sotto. Uscimmo sulle scale antincendio. Il fumo rendeva l'aria irrespirabile, e comunque per svignarcela saremmo dovuti passare proprio davanti agli appartamenti in fiamme del secondo piano: senza contare che il fuoco continuava a salire. Chiaramente, eravamo rimasti soltanto noi due, noi due imbecilli italiani, in tutto il caseggiato. Allora cominciammo anche noi a gridare – "Help, help, help!" – da lassù, e non appena la folla di portoricani di sotto si accorse di noi, moltiplicò le urla. Poi un suono più forte segò l'aria. La sirena dei pompieri. Cristo, quanto tempo ci avevano messo ad arrivare? Uno, due, tre camion rossi. I pompieri scesero di corsa dagli automezzi, srotolarono le pompe e iniziarono ad annaffiare il fuoco. Poco dopo, dal tetto del camion più vicino, una scala elettrica si snodò meccanicamente verso di noi. Appollaiato sulla scala c'era uno di loro, bardato come un commando pronto per la guerra, con un piccone in una mano, un estintore nell'altra e il volto coperto da una specie di maschera antigas. Arrivò fino davanti alla finestra del mio appartamento e cercammo subito di saltargli in braccio, ma doveva essere una reazione tipica, che il pompiere si aspettava, perché ci ricacciò indietro con una spinta e ordinò, nell'inglese più chiaro che avessi sentito da quando ero a New York, "DO NOT MOVE!". Saltò lui dentro l'appartamento, aprì la porta di casa e scomparve nelle scale. Dieci minuti più tardi, l'incendio era domato. Un vecchio portoricano era stato l'unica vittima: si era addormentato, pare, fumando una sigaretta, e così facendo aveva appiccato il fuoco alle pile di giornali e alla catasta di cianfrusaglie che ingombravano il suo appartamento, facendolo divampare ovunque. Adesso l'intero stabile colava acqua come una fontana. Accompagnai Bruno di sotto. "Bel regalo di compleanno," commentai, alludendo allo scampato pericolo. "Più bello di così, si muore," rispose lui, che aveva sempre la battuta pronta, "comunque i portoricani sono stati carini ad accenderti le candeline." Ma ci era passata la voglia di ridere.

Tornato di sopra, rimirai il biglietto su cui Bruno aveva scritto il numero di telefono dell'agenzia di stampa romana dove lavorava il nostro amico: quello sì che poteva essere un bel regalo di compleanno. L'indomani telefonai a Maurizio. Si ricordava di me. Confermò che l'agenzia di stampa cercava qualcuno che scrivesse dall'America: avevano già un paio di collaboratori negli Usa, precisò, ma l'America era grande e c'era posto per tutti. Mi spiegò che l'agenzia si chiamava Giornali Associati e offriva servizi da tutto il mondo ai piccoli quotidiani di provincia che non avevano corrispondenti all'estero. Ma è la mia idea, avrei voluto gridare, sono gli articoli che invio per posta da quasi due mesi a giornaletti sparsi dalle Alpi alla Sicilia, senza che uno solo mi abbia risposto se gli piacciono, se non gli piacciono, nemmeno se li hanno ricevuti! Non lo dissi. Dissi che mi sembrava una splendida idea, e che sarei stato felice di contribuire con qualche articolo. Maurizio promise di parlarne al direttore e di richiamarmi presto; io, intanto, avrei dovuto pensare a qualche proposta da sottoporgli. Non chiese come me la passavo, ma probabilmente lo capì: aggiunse che potevo chiamarlo in telefonate a carico del destinatario, la prossima volta. Stavo per dirgli: "Oh, non preoccuparti, paga la Texaco", ma mi trattenni in tempo. Anche se non volevo illudermi, avevo la tentazione di fare i salti di gioia. Quello era esattamente il tipo di lavoro che mi ero messo in testa di fare. Era come se ci fossimo messi d'accordo, l'agenzia e io. Eravamo fatti l'uno per l'altra. Nei due mesi precedenti, mi ero allenato: bastava che ripescassi un po' dei servizi che fino ad allora avevo mandato gratis e alla cieca e li riciclassi per la Giornali Associati. Se solo avessi fatto delle copie! Ma detestavo scrivere a macchina con la carta carbone; e quanto a fotocopiarli prima di spedirli, era una piccola spesa supplementare che non potevo affrontare. Passò un giorno. Ne passò un altro. Né il direttore né Maurizio si erano fatti vivi, benché io non uscissi praticamente più di casa per non correre il rischio che chiamassero mentre ero fuori; e mi domandavo quanto tempo avrei dovuto lasciar trascorrere prima di essere io a chiamare senza apparire troppo pressante ma nemmeno non abbastanza propositivo.

Chiamarono loro, una mattina, alle sette in punto – l'una in Italia. Ero ancora addormentato ma balzai sull'attenti. Maurizio mi disse che il direttore era d'accordo a "mettermi alla prova", disse proprio così: mi chiedeva di fare un'inchiesta sulla famiglia Gambino, il cui boss, John Gambino, capo di una delle cinque cosche di Cosa Nostra che controllavano il crimine organizzato a New York, era stato arrestato per la prima volta il giorno precedente, come io certamente sapevo. Non lo sapevo, invece, perché non avevo ancora letto i giornali; ma finsi di conoscere John Gambino, i particolari del suo arresto e la storia della sua famiglia come se non mi fossi mai occupato d'altro in vita mia. "Mi raccomando," disse Maurizio, "il direttore vorrebbe una bella inchiesta sul campo, giornalismo vecchia maniera, trova qualcuno con cui parlare, tira fuori un po' di dettagli inediti. Vedrai che se questo articolo funziona hai fatto breccia." Breccia di Porta Pia, pensai: non sono mica un bersagliere! Ma risposi okay anche a quello. Non per nulla uno ha superato cinque anni di interrogazioni al liceo senza aver mai studiato una riga. "Dimmi solo per quando vi serve," aggiunsi. La risposta mi lasciò secco: "Domattina a quest'ora, puoi chiamare in collect call e dettarlo alla nostra dimafonista".

Ventiquattr'ore. Ventiquattr'ore per scrivere il reportage da cui poteva dipendere tutto: l'articolo "di prova", come aveva detto il direttore. Volai in cucina, feci una doccia quasi fredda, in piedi nella vasca da bagno, per svegliarmi bene ed essere sicuro che non si trattasse di un sogno, mi vestii in un baleno e corsi all'edicola a comprare tutti i giornali. Mi fermai a leggerli facendo colazione con un caffè e due uova al bar di Bruce. "Que pasa, amigo?" mi salutò così: la sua maniera di farmi sentire a casa. "Today is like the night of the first, for me," gli dissi, intendendo "la sera della prima": ero sicuro che in inglese non si dicesse così, ma lui fece una smorfia di assenso e mi versò per solidarietà una seconda tazza di caffè, gratis.

Sui giornali, per fortuna, gli articoli sull'arresto di John Gambino c'erano, così potei apprendere quello che evidentemente agenzie di stampa e televisioni avevano già trasmesso in Italia, mentre io dormivo. Ma, oltre ai fatti nudi e crudi, non raccontavano granché. Dove mai avrei trovato "qualcuno con cui parlare", e i "dettagli inediti"? Come avrei potuto mettere insieme un reportage "vecchia maniera"? Me tapino! Finché si trattava di scopiazzare il

"New York Times" e farsi portare fuori a pranzo da Charlie Yelverton, riuscivo ancora a fingere di essere un giornalista: ma alla prima vera prova, le mie lacune sarebbero state scoperte. Tornai a casa. Rilessi gli articoli da cima a fondo, sul "New York Times", sul "Daily News", sul "New York Post". Sottolineai tutte le frasi che potevano contenere dettagli non completamente legati alla notizia, quel qualcosa in più che poteva dare sugo alla mia storia: una descrizione dell'abitazione di Gambino, qualche particolare sui familiari, un accenno alle altre quattro famiglie di Cosa Nostra. C'era materiale per scrivere trenta righe, a essere ottimisti, e la Giornali Associazione o come diavolo si chiamava aspettava un reportage: centoventi-centocinquanta righe, calcolai, anche se non avevo avuto istruzioni in merito. Rimuginai a lungo. Niente. Come si dice in questi casi? Spremersi le meningi. Non serviva. Neanche un'idea. Le mie meningi erano vuote. Fissavo gli articoli usciti sull'arresto di Gambino sui tre quotidiani newyorkesi come se, a forza di guardarli, la pagina potesse spalancarsi, io sprofondarci dentro e apprendere così tutti i particolari inediti che c'erano da apprendere. Sprofondarci dentro, in quella pagina nera di inchiostro, e farla finita. Sprofondare dentro un giornale. Sprofondare dentro la redazione di un giornale. Ecco con chi avrei dovuto parlare e dove avrei potuto trovare i particolari "inediti": se uno degli autori degli articoli su Gambino mi avesse ricevuto, se avesse risposto alle mie domande e raccontato tutto quello che sapeva, forse ce l'avrei fatta.

Scartai a priori il "New York Times": la sola prospettiva di entrare in un luogo così venerabile mi spaventava. Tra i due tabloid della metropoli, l'articolo del "Daily News" era scritto da un uomo, quello del "New York Post" da una donna: una certa Cynthia Ortiz. Pensai che probabilmente una donna avrebbe avuto più compassione. Il cognome, inoltre, suonava vagamente latino: un altro motivo di possibile solidarietà? Cercai sulla mia copia del "New York Post" il numero di telefono della redazione, lo composi febbrilmente e quando sentii la voce della centralinista gracchiare "New York Post", chiesi di Cynthia Ortiz. Non era proprio un nome facile da pronunciare come John Smith, sicché dovetti ripeterlo due o tre volte prima che la centralinista capisse e mi passasse l'interno. Ma non rispondeva nessuno. Erano le dieci e mezzo. Forse troppo presto per trovare reporter in redazione. Decisi di riprovare ogni mezz'ora. Niente. Niente. Niente. Alle dodici e mezzo, quando ormai temevo che Cynthia Ortiz fosse partita proprio quel giorno per le vacanze, una graziosa voce femminile rispose: "Hallo". "Cynthia? Cynthia Ortiz?" sillabai trepidante. "Yes?" Mi ero preparato un discorsetto, ma il cuore mi batteva così forte che mi incasinai, inondandola con un fiume di parole il cui senso era: giornalista italiano, cerca notizie su John Gambino, se lei potesse raccontarmi qualcosa. La voce di Cynthia era giovane, cordiale e vagamente divertita. "Okay," disse, e quello lo capii, seguito da uno dei soliti incomprensibili scioglilingua in turcomanno, "aunannagannassafedminbot", poi un orario, "three o'clock", le tre del pomeriggio, e capii anche quello. Le ripetei quello che, secondo me, mi aveva detto: "You said that I can come to the office of the 'New York Post' at 3 pm and see you?". Rise, confermò, aggiunse "bye-bye", e riattaccò. Come ci saremmo incontrati, questo mi ero dimenticato di chiederlo, ma in confronto al problema che avevo appena risolto mi pareva una bazzecola. E comunque, un ostacolo alla volta.

Mangiai una fetta di pizza in un fast food e siccome non volevo rischiare di far tardi o di perdermi nella subway arrivai con mezz'ora di anticipo alla redazione del "Post". Era un palazzone grigio sull'East River, non sussiegoso come lo avrei immaginato, e questo già mi fece sentire più a mio agio. Lo si sarebbe potuto scambiare per una fabbrica di biciclette. Un posto normale, frequentato da gente normale. Alle tre in punto entrai col mio passo più disinvolto, comunicai il mio nome all'impiegata della reception e domandai di Cynthia Ortiz. L'impiegata disse qualcosa al telefono e mi fece cenno di attendere.

Cynthia venne a prendermi cinque minuti dopo. Aveva forse sei o sette anni più di me, non era particolarmente graziosa ma aveva l'aria sveglia e simpatica. La inondai subito di domande sulla famiglia Gambino nel mio inglese maccheronico. Lei cercò di spiegare che, come mi aveva detto al telefono (e come io non avevo capito), questo era uno dei primi articoli che scriveva sulla mafia. Il cronista di giudiziaria che si occupava di Cosa Nostra era malato; dunque lei non ne sapeva molto più di me, e certamente non molto più di quello che aveva già scritto. Mi cascarono le braccia. Avevo sperato di trovare una veterana dei grandi processi ai padrini della criminalità organizzata, e invece niente. Avrei dovuto capirlo dalla voce, quando mi aveva risposto al telefono, che probabilmente era troppo giovane per essere una veterana di inchieste sulla mafia. Se volevo, aggiunse Cynthia notando la mia delusione, mi avrebbe accompagnato in archivio, forse lì qualcosa su Gambino potevo trovare. "Archives": mi feci ripetere la parola tre volte, mentre ci andavamo, per esser certo di aver capito bene.

L'archivio di un quotidiano americano: effettivamente poteva essere anche quella una risposta a molte delle mie domande. Mi guidò in uno stanzone al secondo piano, dove dentro a delle cassettiere di legno erano raccolti in ordine alfabetico milioni di pezzi di carta: articoli del "Post", di altri giornali, di riviste, fotocopie di libri, su ogni argomento dello scibile umano, o per lo meno su ogni argomento dello scibile che possa interessare un giornale. Andai alla G, arrivai a Gambino e pescai un enorme faldone di ritagli pieno da scoppiare. Forse ero salvo. Avevo con me un blocchetto per appunti, e la biro prese presto a correre sulla carta: c'era una miniera di storie, lì dentro. Il tempo volò: alle otto avevo riempito il taccuino fino all'ultima pagina; ci sarebbero stati ancora centinaia di ritagli da consultare, ma ormai ne avevo abbastanza per scrivere un libro sulla famiglia Gambino, non un articolo di giornale. Avrei voluto ringraziare Cynthia, la mia benefattrice, ma non sapevo dove fosse e non avevo tempo da perdere. Tornai a casa in uno stato di trance. Gli scarafaggi mi diedero il loro solito sfarfallante bentornato, ma non prestai loro la minima attenzione. Sedetti al tavolo da campeggio, infilai un foglio nella macchina da scrivere e cominciai. "Sono un onesto padre di famiglia che abita con la moglie in una modesta casa, a Brooklyn": era la voce di John Gambino, che parlava sui tasti della mia Olivetti. L'attacco non mi piaceva, tirai fuori il foglio dal rullo, lo accartocciai, ne infilai un altro e ripresi a scrivere. Avevo il blocchetto di appunti davanti a me, i giornali del mattino sparpagliati ai miei piedi e le immagini di don Vito Corleone, interpretato da Marlon Brando nella versione matura e da Robert De Niro in quella giovanile, davanti agli occhi. Scrissi, strappai, riscrissi, ristrappai. Alla fine, il pavimento era cosparso di pallottole di carta, ma cinque bei fogli dattiloscritti di trenta righe l'uno raccontavano con dovizia di testimonianze, indiscrezioni e particolari macabri o curiosi l'intera saga del clan Gambino. Alzai gli occhi sul piazzale del garage: nessuno cercava ancora "Mr Perscopio" al telefono, ma la luce dell'alba illuminava le automobili parcheggiate nel piazzale. Avevo lavorato tutta la notte. Ripiegai i fogli, li presi con me e scesi in strada: era ancora fresco e solo il rumore degli zoccoli dei cavalli che lasciavano le stalle del West Side diretti a Central Park risuonava nella città silenziosa. Forse anche Bruno, una volta, era passato di lì con la sua carrozza. Raggiunsi il diner all'angolo, aperto ventiquattr'ore su ventiquattro. C'erano un paio di tassisti e un barbone con tutte le sue carabattole. Mi sedetti e consumai una lauta colazione: uova, pane imburrato, caffè e succo per novantanove cent, il prezzo speciale in vigore fino alle sette del mattino. Poi mi accesi una sigaretta, aprii i fogli sul tavolo e rilessi dall'inizio alla fine: sì, mi piaceva. Filava liscio. Sembrava davvero un reportage, non so se vecchia o nuova maniera, ma comunque un'inchiesta approfondita di uno che aveva dedicato un bel po' di tempo a raccogliere informazioni. Decine di giornalisti del "Post" e del "Times", in effetti, le avevano raccolte per me, in qualche anno di duro lavoro. Alle sei e mezzo ero di nuovo a casa: chiamai con una collect call la Giornali Associati, a Roma, dove erano le dodici e mezzo, e dettai le mie cinque cartelle dattiloscritte. Mentre le leggevo a voce alta mi parvero un po' meno belle di prima, nel diner, ma pazienza, quel che è fatto, è fatto. Quindi mi misi alla finestra, a fumare una sigaretta dietro l'altra. Ben presto mi appisolai, steso per terra, a un passo dal telefono: non ce l'avevo fatta nemmeno a trascinarmi fino al letto. Quando suonò, risposi al primo squillo. Era Maurizio. "Ottimo lavoro," comunicò, "il direttore ha detto che hai superato la prova. Abbiamo già messo in circuito il tuo reportage, uscirà su almeno una dozzina di quotidiani. Domani ti chiamerà il direttore, vuole conoscerti e chiederti altri pezzi." Guardai l'orologio: erano le dieci e mezzo. Cos'erano state tutte le prove che avevo superato fino a quel momento? La maturità, gli esami universitari, il primo articoletto per il "Carlino Sera", quelli per i giornali di basket? Bazzecole. Mi sentivo il re di New York. Sarei mai potuto essere più felice di così, in vita mia? Ne dubitavo. Mi buttai sul letto e mi addormentai di botto.

6.
BEVEVANO SUCCHI ACCAVALLANDO LE GAMBE

Mi sembrava un secolo che ero arrivato. Mi sembrava di essere stato sempre lì: invece erano passati solo poco più di due mesi. L'estate era scivolata via lentamente e non me n'ero quasi accorto: alle otto di sera di colpo diventava buio e la grande calura d'agosto aveva ceduto il posto alla brezza di settembre. Il primo settembre, Labour Day, gli americani festeggiavano appunto la fine dell'estate e io ne rimasi quasi sorpreso, abituato com'ero a vedere ogni estate scandita dalle vacanze. Per me niente vacanze, niente mare, niente spiagge stavolta: non ero più uno studente, e nemmeno un ex studente. Ero un giornalista, un corrispondente estero, uno che lavora, che non ha tempo per le ferie, roba da vecchio mondo, da provincia italiana – New York non chiude per ferie. Il lavoro, in effetti, non mi mancava e per la prima volta non mi pareva di farlo a vuoto, non erano più messaggi nella bottiglia, inviati per posta senza sapere nemmeno se sarebbero arrivati, se qualcuno li avrebbe mai letti: suppongo di no, perché nessuno si era mai preso neppure la briga di rispondermi. Chissà cosa pensavano i direttori, o i redattori-capi, o le loro segretarie, o anche l'ultimo dei galoppini di redazione, quando aprivano la busta e ci trovavano dentro le mie due cartelline dattiloscritte su questo e quello che succedeva in America. Chissà se le avevano mai pubblicate. Più probabile che si facessero grasse risate. Macché, neanche quelle: cestinavano con uno sbadiglio e se ne dimenticavano, con l'espressione annoiata di quelli che le hanno già viste tutte e non si sorprendono o si eccitano per niente e per nessuno, tanto meno per un giovane ingenuo che si ostina a mandare corrispondenze non richieste dall'America. Adesso però le mie corrispondenze avevano un destinatario. Il giorno dopo la pubblicazione dell'articolo sul padrino mafioso, ricevetti una telefonata dal direttore della Giornali Associati. Si chiamava Giorgio Testi. Era stato direttore di un quotidiano nazionale, vicedirettore di un settimanale, editorialista; e ora, sessantenne, dirigeva questa piccola agenzia giornalistica. Anche dal suo tono, si capiva che era una grande firma. Mi disse che il primo articolo era piaciuto, che vari giornali l'avevano acquistato, che me ne avrebbero chiesti altri. "E da cosa nasce cosa..." concluse lasciando la frase in sospeso. Bevevo quei puntini di sospensione come gocce d'acqua al termine di una traversata nel deserto. Da quegli articoli, immaginavo, sarebbe potuto nascere un rapporto più stabile e regolare con l'agenzia. Qualcosa che mi avrebbe fatto diventare veramente un corrispondente dall'estero.

Infatti me ne chiesero altri, prima due o tre alla settimana, poi tutti i giorni, presto più di uno al giorno. Scrivevo con foga, come un dannato. Di sport, spettacoli, cronaca, e perfino di politica, sulla campagna presidenziale per la Casa Bianca: mai avrei sognato di poter scrivere su simili argomenti, dei quali sapevo poco o niente. Ma, dopo le prime titubanze, mi accorsi che non era difficile: bastava copiare un po' il "New York Times" e metterci una bella forma, come nei temi d'italiano, l'unica materia in cui ero sempre stato il primo della classe. Continuavo a scrivere anche per "Superbasket" e il "Corriere del Ticino", oltre che a distribuire volantini davanti al topless bar e a dare lezioni private d'italiano alla cinesina Liu, e ora pure a una bulgara: si vede che attiravo le studentesse. Yelena era più giovane di Liu, anche lei bruttina ma molto inserita, a quanto sosteneva, nella New York by night: diceva di conoscere tutti i locali punk e new wave di Manhattan e aveva promesso di portarmici.

Una sera uscii con lei e i suoi amici. L'appuntamento era alle dieci al Village. Girovagammo qui e là, bevemmo una birra in un bar, mangiucchiammo cinese, e quando decisero di andare in un locale punk era già l'una del mattino. Avevo calcolato di aver già speso troppo, così salutai, dissi che ero stanco, il che del resto era vero, e poi la mattina dopo dovevo scrivere un articolo, ed era vero anche questo. Di solito in quei casi ero sempre in dubbio: restare? andare? E se mi fossi perso qualcosa di davvero speciale? Invece fui contento della mia decisione: non avere soldi tagliava la testa al toro, non potevo permettermelo e basta. Presi la subway, scesi alla 42esima strada, una fermata prima della mia, e camminai nella notte verso nord, lungo Broadway. Era una notte fresca, magnifica. I marciapiedi erano ancora pieni di gente, gente del peggior tipo: puttane, magnaccia, perditempo, venditori ambulanti, borsaioli. C'erano enormi sacchi di spazzatura accatastati agli angoli, sotto cui correvano i topi in cerca di cibo. Le insegne al neon dei night e dei sex shop, compreso il "mio" topless bar, mi attiravano come calamite: ero quasi tentato di entrare a dare un salutino alle ballerine, ma lasciai perdere. Dai locali notturni, dai bar, dalle radio delle auto, la musica suonava leggera, pepata, incantevole. Mi piaceva quell'umanità sporca e trasandata, la trovavo più autentica e interessante di Yelena, dei suoi amichetti, dei loro locali punk e new wave.

Ma la carenza di soldi continuava a essere un problema. Possibile, pensavo, che nessuno di quei bastardi mi avesse ancora pagato? Eppure erano trascorsi due mesi, la scadenza promessa per i primi assegni. Mi feci forza pensando a tutti gli scrittori e artisti che avevano girato a stomaco vuoto per anni, consumando le suole delle scarpe perché non avevano neanche i soldi per entrare a sedersi in un caffè maleodorante. Mi fermai davanti a una pasticceria a guardare le vetrine piene di leccornie colorate e a pensare al mio frigorifero, assediato dagli scarafaggi sebbene dentro ci fossero solo uova, pane bianco da tostare e zuppe Campbell. Ma si impara a far senza, a non bere la birra in tutti quei bei bar, a fumare con moderazione o a scrocco, a concedersi solo divertimenti gratuiti: parlare, guardare, ascoltare, odorare. E sognare. Un'altra cosa di cui facevo senza erano le donne. Non avevo i soldi per andarci a bere neanche un caffè. Le desideravo, ma mi mancava l'energia per rincorrerle. Mi crogiolavo nel desiderio inappagato: mi piaceva mettermi sulla Quinta Avenue all'ora della pausa per il lunch, quando tutti gli impiegati si riversano in strada dai grattacieli come un fiume in piena, mi mettevo per esempio sotto il grattacielo della Time-Life, tra le cui fontane andavano a sedersi donne bellissime, che mangiavano sandwich e bevevano succhi accavallando le gambe, dee meravigliose e intoccabili, gazzelle dalle zampe affusolate, grattacieli in movimento, plastiche, luminose, scintillanti, le avrei fatte a pezzi dal desiderio che mi rodeva in corpo. E poi quegli uomini d'affari impeccabili, tutta quella gente che andava di fretta, fendendo la folla come in preda a un furioso istinto di andare da quella parte e solo da quella parte. Mi piaceva tutto di New York, che a poco a poco imparavo a conoscere. Mi piaceva l'eleganza aristocratica di Park Avenue. L'aria europea di Brooklyn Heights, appena al di là del ponte, con quella vista mozzafiato sui grattacieli. Il variopinto bestiario di facce e comportamenti di una domenica pomeriggio a Central Park, mille volti che avrei avuto voglia di conoscere, per sapere tutto delle loro vite. Ma mi piaceva anche il mio quartiere, Hell's Kitchen, mi piaceva l'idea di vivere proprio a midtown, nel mezzo della città, e certi giorni salivo sul tetto e potevo vedermela tutta attorno, a rammentarmi che ero proprio lì, io, a New York. Mi piaceva stare a due passi da Broadway, con i teatri, il sesso, i caffè aperti ventiquattr'ore su ventiquattro: forse il mio posto preferito in assoluto era quello.

Avevo appena finito di scrivere tutto questo in una lettera al mio amico Tommi di Bologna, quando mi resi conto che non avevo più carta. Occorreva un rifornimento di cancelleria. Andai, come al solito, da Macy's. E come al solito infilai tutto quello che mi serviva nelle tasche e dentro i calzoni. Taccuini, carta da lettere, matite, biro, già che c'ero anche un po' di scotch, graffette, e anche carpette e un pacco di fogli per la macchina da scrivere, che infilai tra le pagine del "New York Times". Avevo appena varcato la porta girevole e rimesso piede in strada, che un robusto braccio mi avvinghiò da dietro: era un uomo in uniforme, un poliziotto o una guardia privata. "Wudyucamwidmiplis," disse, e capii che stavolta mi avevano beccato. Non provai neppure a scappare. Mi lasciai trascinare docilmente dentro al grande magazzino, poi giù per una scala, in un seminterrato dove non c'erano più clienti, ma solo lunghi corridoi deserti con tante porticine. La guardia bussò a una di queste ed entrammo. Ora, pensai, mi conciano per le feste. Dentro c'era un altro tizio, in borghese, seduto a una scrivania. Mi fecero tirare fuori di tasca e da dentro il giornale tutto quello che avevo preso. Non capii esattamente cosa dissero poi, ma presumo che fosse una ramanzina: avevo violato la legge e potevo finire in prigione. "Please please, I am very poor," cominciai a implorare, e dovetti suonare convincente, non tanto per il tono di disperazione nella voce, perché come attore non sono mai stato un granché, quanto perché nessun ladro professionista avrebbe rischiato la galera per un totale – fatti i conti – di quindici dollari e pochi cent di cancelleria. I due mi guardarono con compatimento. Pensai: forse non mi fanno arrestare. Infatti non lo fecero. Minacciarono di farlo, questo lo capii bene, se il furto si fosse ripetuto, "next time," dissero, la prossima volta, e allora il secondo reato si sarebbe sommato al primo e l'aggravante non mi avrebbe lasciato scampo: il carcere. Mi profusi in ringraziamenti, giurai solennemente che non avrei rubacchiato mai più (per lo meno non da Macy's, aggiunsi tra me) e me la filai.

In strada quasi saltellavo, dalla gioia di aver ritrovato la libertà. Cominciai a fischiettare spensierato, con le mani in tasca – accorgendomi con un misto di orrore e gioia che, nel vuotarmele, involontariamente non avevo tirato fuori proprio tutto: c'erano ancora una matita, una gomma da cancellare e una confezione di graffette. Si erano fidati, non mi avevano perquisito: era andata bene due volte. Sulla via di casa mi fermai in una piccola cartoleria portoricana e comprai il resto delle cose che mi servivano, stavolta pagando. Feci una sosta al bancomat per vedere quanto mi era rimasto sul conto e rimasi a bocca aperta: c'era qualche centinaio di dollari in più di quel che mi aspettavo! La mattina dopo andai a controllare allo sportello, pieno di speranza, e giunse la conferma: il "Corriere del Ticino" aveva pagato le mie prime corrispondenze. Duecentottantaquattro dollari e ventisette cent per due mesi di lavoro. Benedetta la precisione svizzera! Benedetta la terra dell'orologio a cucù! Voleva dire che il prossimo mese di affitto era saldato, e in più mi restavano trentaquattro dollari da spendere. Mi sentivo in delirio. Le cose cominciavano a quadrare. Il giorno in cui avrei smesso di distribuire volantini porno e dare lezioni a studentesse inscopabili si avvicinava. "Superbasket" non aveva ancora sborsato un soldo, ma nel frattempo la mia collaborazione con la Giornali Associati si stava consolidando. A un certo punto, qualche soldo me l'avrebbero dato anche loro. "Se continui così," diceva ogni tanto il direttore Giorgio Testi, "prima o poi ti daremo un piccolo fisso mensile." Mi girava la testa: un fisso mensile! Uno stipendio. Un salario. Quanto sarebbe stato? Be', immaginavo che non potesse essere meno di un centinaio di dollari alla settimana: diciamo quattrocento al mese? Se non, chissà, addirittura cinquecento? Cinquecento dollari al mese: abbastanza per pagare l'affitto, duecentocinquanta, e aver assicurati anche il vitto e le piccole spese, con gli altri duecentocinquanta. Sapevo di poter farmi bastare cinquanta-sessanta dollari alla settimana tra giornali, cibo e metropolitana. Se poi ci avessi aggiunto l'occasionale assegno dalla Svizzera e da "Superbasket", mi sarei potuto permettere anche di andare al cinema e in pizzeria un paio di volte al mese. Era fatta. Il traguardo mi pareva a portata di mano.

Un giorno Testi telefonò e disse che voleva parlarmi "come un padre a un figlio": mi ero dimostrato all'altezza, fino a quel momento, ma ora si trattava di fare un ulteriore passo avanti. Stava cercando di spiegarmi che tipo di articoli voleva. Approfondimenti, diceva. Passare ai raggi X la società americana. Individuare nuovi fenomeni sociali e di costume. Intervistare almeno una volta alla settimana personaggi emergenti. "Devi essere i nostri occhi e le nostre orecchie a New York," insisteva il direttore, "dirci cosa vedi e cosa senti, ogni giorno, dal tuo osservatorio newyorkese." Dio mio, se l'avesse visto, il mio osservatorio newyorkese! Se avesse visto cosa vedevano i miei occhi e sentivano le mie orecchie, dalle finestre all'ultimo piano del 554 West della 50esima strada: il tetto di un garage, le auto allineate negli spazi delimitati da strisce blu, la voce lagnosa che usciva a intervalli dall'altoparlante: "Mr Perscopio, telephone! Mr Perscopio, telephone!". Ma non glielo dissi, naturalmente. Lo ringraziai e promisi che avrei fatto del mio meglio.

C'era una nuova ballerina che mi piaceva, al topless bar. Piuttosto matura, in verità: doveva avere trentacinque anni, se non quaranta. Lavorava col turno di giorno, infatti, quello con le ragazze di serie B. Ma qualche volta sostituiva una del turno di sera e si fermava fino a tarda notte, così la incontravo quando andavo a farmi una birra a spese della ditta al termine delle mie sei ore di volantinaggio. Aveva due gran poppe, un sorriso malizioso e mi dimostrava apertamente simpatia: non mancava mai di darmi un bacetto sulle guance e, se le capitava di passarmi vicino, si strusciava contro di me. Non chiedeva niente in cambio. Facevo il gesto di infilarle una banconota da un dollaro nelle mutandine, ma lei sgusciava via, come se non la volesse. Sicuramente sapeva chi ero. Forse le facevo pena. Ma mi andava bene lo stesso. Dal colore della pelle, avrei detto che era latinoamericana. Tra stranieri, saremmo anche riusciti a comprenderci a vicenda, in inglese. Restavo a godermi la mia erezione, come in estasi, domandandomi se avrebbe mai accettato di uscire con me.

Anche la Giornali Associati mi procurò un'erezione gratuita. Il direttore voleva un servizio sui grandi magazzini di New York, considerati, disse, i più vasti e lussuosi del mondo. Macy's lo conoscevo già piuttosto bene, ma dopo il mio "infortunio" non desideravo tornarci per un sopralluogo. Andai dunque a fare un giro da Bloomingdale's, sull'Upper East Side, che aveva fama di essere ancora più esclusivo e raffinato. Stavo gironzolando da un piano all'altro, quando a un certo punto le luci si fecero più calde e soffuse. Tende di velluto rosso pendevano dalle pareti. Una musica suadente mi avvolse. E a ogni passo donne meravigliose, in tacchi a spillo e abiti striminziti con spacchi fino all'inguine, mi spruzzavano addosso essenze misteriose che mi inebriavano facendomi girare la testa. Ero capitato nel reparto cosmetici, ma a me fece l'effetto di un futuristico bordello orientale. I profumi intensi, la musica ossessiva, la semioscurità e quei volti pallidi con le labbra scarlatte mi facevano mancare il respiro: sentii qualcosa agitarsi nei pantaloni, l'eccitazione cresceva come se stessi per avere un orgasmo. Da quel giorno ebbi un nuovo svago gratuito: andare a respirare l'aria peccaminosa del reparto cosmetici di Bloomingdale's.

La voglia di una donna diventò insopportabile. Telefonai un paio di volte a Bruno, nella speranza che me ne presentasse qualcuna, magari a una cena in casa sua, ma non lo trovavo mai. Mi chiesi se me la sentivo di riprovarci con Liu la cinesina, o di provarci con Yelena, la bulgara punk – e conclusi di no per entrambe. Nick non faceva al caso mio: se le amiche di Penelope erano come lei, andavano evitate come il raffreddore. Domandai a Bruce, il mio amico attore barista, se c'era qualche altra festa in programma, ma era tutto preso dai corsi di recitazione. Il campo delle mie conoscenze si riduceva alla affascinante ballerina latinoamericana quarantenne del topless bar: poteva essere quasi mia madre, ma ci sarei andato a letto di corsa. I baci sulle guance me li dava gratis, ma dubitavo che la sua generosità si sarebbe spinta oltre. Quanto mi sarebbe costato portarmela a letto? Trenta dollari? Cinquanta? Cento? Poi mi venne in mente Larry. L'artista. Dopo aver lasciato casa della sua ex fidanzata Mary, di lui avevo perso le tracce. Mi feci forza e telefonai a lei, fingendo di voler sapere come se la passava. Non ero un grande attore, specie se si trattava di recitare in inglese, così dopo un paio di battute le domandai se aveva notizie di Larry. Rispose che non si sentivano più, ma conosceva il suo nuovo numero di telefono e me lo diede. Lo chiamai subito. Fu contento di sapere dei miei progressi. Chiese se conoscevo le parole della canzone di Frank Sinatra, *New York, New York*: "*If I can make it there, I'll make it anywhere*", se ce la faccio qui, ce la farò dappertutto. Mi invitò a un party nel suo nuovo loft. Lì avrei incontrato di sicuro qualche ragazza.

C'erano almeno un centinaio di persone. Il loft era un immenso spazio con tubature che correvano lungo il soffitto ed enormi finestre che davano sulla strada, a Chelsea, vicino al famoso hotel in cui era stato trovato il cadavere della fidanzata di Sid Vicious, il cantante dei Sex Pistols. Larry mi abbracciò con affetto, mi presentò un paio di amici, mi mise in mano un bicchiere di carta colmo di pessimo vino e scomparve tra la folla. Tutti parlavano a macchinetta, nessuno mi filava, non mi divertivo granché: però c'era da bere e da mangiare in abbondanza, e pure da fumare: ogni cinque minuti qualcuno mi passava una canna. Pensavo che sbronzarmi e stonarmi sarebbe stato l'unico modo di vincere la noia, quando Larry riapparve tra i fumi di tabacco e marijuana insieme a una bionda con gli occhi azzurri. "Lei è Suzan, la mia coinquilina," disse. Pensai che fosse la sua coinquilina anche a letto, ma scoprii che non era così, perché subito dopo Larry mi presentò uno sgorbio che gli arrivava all'ombelico: "La mia girlfriend. Non è carina?". Come no, volevo rispondergli, ma le parole non mi uscivano. Ero inebetito dalla visione della bionda. Fu lei a risvegliarmi. Mi prese per mano, mi portò in cucina e poi a fumare una sigaretta sulle scale antincendio con i piedi penzoloni: doveva essere una mania, lo facevano tutti a New York. Si chiamava Suzan, la visione – Larry me l'aveva già detto ma io ero troppo sconvolto per registrare il dato –, era artista anche lei, pittrice, e mi stava facendo un sacco di domande sull'Italia. Tentavo di risponderle nel miglior inglese possibile, ma mi sentivo patetico: eppure lei sembrava interessata lo stesso. Non so quanto restammo lì così a chiacchierare. So che qualcuno dopo un po' la chiamò, lei con grande naturalezza mi posò una mano su una spalla, poi mi fece una specie di carezza sui capelli e si allontanò. Restai lì folgorato dal gesto per una buona mezz'ora; poi me ne andai a casa, imbarazzato all'idea che Suzan potesse tornare e ritrovarmi dove mi aveva lasciato. Solo, ancora sotto l'effetto ipnotico della sua apparizione. Barcollavo, tanto ero ubriaco: di vino e di Suzan. Il vino ebbe un effetto più immediato. Appena entrato a casa, corsi a vomitare; il giorno seguente mi svegliai con un mal di testa da incubo e restai a letto praticamente tutta la giornata. Fortunatamente era domenica, l'unico giorno della settimana in cui la Giornali Associati non mi avrebbe cercato.

Il lunedì chiamai Larry per ringraziarlo. Rispose Suzan. Mi impappinai subito, perché mi aspettavo di parlare con lui e di negoziare un nuovo invito, prendendo molto alla larga l'argomento del mio interesse per Suzan. Lei invece, con la massima disinvoltura, mi chiese dov'ero sparito al party e se volevo cenare da loro quella sera, ci sarebbe stato anche qualche altro amico. Accettai con entusiasmo. La cena era squisita, ma stetti attento a non mangiare, e soprattutto a non bere, troppo: non volevo perdere il controllo. Rifiutavo le canne, oppure davo delle boccate senza aspirare. Dopo cena, Larry propose di andare a vedere un happening in una galleria d'arte. Una coppia che aveva mangiato con noi si unì a lui; Suzan disse che preferiva restare a casa, e inaspettatamente mi tolse dall'imbarazzo di scegliere cosa fare chiedendomi di rimanere a farle un po' di compagnia. Quando gli altri uscirono, lei preparò un nuovo joint e si sdraiò a fumarlo su un divano. Chiese se ne volevo, risposi di no. Diede due o tre tiri con voluttà, poi mi attirò a sé e cominciammo a baciarci. Non capivo come e perché fosse pronta a venire a letto con me. Così. Quasi senza sforzo da parte mia, senza che avessi fatto qualcosa per guadagnarmelo. Parlavo un inglese ridicolo, ero vestito di stracci, fino a quel momento avevo corteggiato solo una cinesina senza naso e un paio di ballerine di topless bar.

Perché mi capitava quel dono dal cielo? Dal divano passammo al suo letto. Facemmo l'amore, fumammo un altro spinello e mi addormentai avvinghiato al corpo più eccitante che avessi mai posseduto in vita mia.

Riaprii gli occhi intorno alle nove del mattino, e per prima cosa, a un centimetro dal mio naso, vidi la faccia di Larry. Rideva. "Bravo, bravo." Di Suzan, neanche l'ombra. Guardai l'orologio: era tardissimo, la Giornali Associati a quell'ora poteva avermi già cercato, per la prima volta senza trovarmi. E dal momento che non avevo ancora letto i giornali, non avrei saputo cosa proporgli di scrivere. Sui miei vestiti c'era un bigliettino ripiegato in quattro: BIG KISS, SUZAN. Chiesi a Larry dov'era, disse che era dovuta uscire per un lavoro. Richiamai nel pomeriggio, ma non rispondeva nessuno. La sera, idem. Trovai Larry il mattino dopo: parlava con voce impastata, non seppe dirmi niente di nuovo su Suzan, che non era più rincasata. Non me l'avevano mica ammazzata? Il giorno dopo ancora, appresi da Larry che era partita per il Canada e sarebbe stata via una settimana. Una settimana dopo, partì Larry, per l'Inghilterra, e lei ancora non era tornata. Così, poco per volta, la dimenticai. E mi venne il dubbio se eravamo veramente stati a letto insieme, o me l'ero soltanto sognato.

Quando finalmente la rividi, all'inaugurazione di una mostra di Larry, il mese seguente, mi diede un bacio sulle labbra, senza aprirle però, e mi presentò un uomo: un canadese dalla pelle nera. "My husband," disse. Avrei voluto osservare freddamente che non sapevo che ci fossero neri, in Canada: giubbe rosse, sì, indiani con il taglio mohawk anche, ma neri no, non mi pareva proprio. Sarebbe stato un commento stupido e acido, per cui non lo feci. Anche perché il nero in questione, suo marito, era grosso come un armadio, e avrebbe potuto non gradire.

7.
LEI È STATO UN GRAND'UOMO

"Tornate indietro, fratelli, tornate indietro, qui non troverete la pace e la salvezza, ascoltate la parola del Signore, guardate come vi hanno ridotti il vizio e l'alcol, cantate insieme a noi le lodi del Signore." Ero sulla 42esima strada, all'angolo con l'Ottava Avenue, alle nove di un venerdì sera. Cinque neri, tre uomini e due donne, con i loro abiti migliori, come vestiti per la messa della domenica, arringavano la folla cantando inni accompagnati da un organetto. Nessuno gli badava. Intorno c'erano uomini a torso nudo che si trascinavano parlando da soli, crocchi di neri e portoricani con i capelli di traverso e la sigaretta penzolante dalla bocca, pacca sulla spalla, ammiccamento, risata sgangherata, donne che passavano veloci fingendosi invisibili per non dare nell'occhio, donne che passavano lente sculettando seguite da una scia di commenti e di profumo da quattro soldi, e poi ciccioni accasciati al suolo, travestiti truccatissimi su tacchi a spillo alti come trampoli, vagabondi che chiedevano l'elemosina, drogati dalle occhiaie scavate, lustrascarpe dagli abiti sgargianti e l'occhio assassino, poliziotti, venditori ambulanti di hot dog, neri giganteschi con radio giganteschi sulla spalla, e la disco-music che usciva dalle radio avvolgendo tutto, la gente, le luci, il traffico indiavolato, le zaffate di frittura, le zaffate di fumo. E me.

Avevo proposto un servizio alla Giornali Associati sulla 42esima, la via del sesso, della prostituzione, della malavita, nel cuore di Manhattan, a un passo da Times Square, la piazza che ne rappresenta il centro o l'ombelico. Era la zona che conoscevo meglio, perché vicina a casa mia e perché lavoravo da quelle parti a distribuire

91

volantini per il mio topless bar, sebbene questo, al direttore dell'agenzia di stampa, non lo avessi detto. Stavolta, invece che con i volantini, ci andai col taccuino. Contai dodici sex shop, tredici cinema porno, un'entrata della subway, mezza dozzina di fast food e due edicole, a una delle quali sapevo che ogni sera a mezzanotte arrivava per primo il "New York Times" fresco di stampa dalla tipografia sulla 43esima: tutto in un isolato. Fiumi di folla, musicisti di strada, grandi insegne pubblicitarie al neon, la sporcizia e il peccato che si annusavano nell'aria. Il fumo denso che usciva dalle grate della metropolitana mi sembrava il respiro della città. Uomini che sussurravano "mescalina, joint, hashish, cocaina" a due passi dai poliziotti che roteavano il manganello: un passante rallentava, ordinava, proseguiva e il poliziotto lasciava fare. Tanto, a che sarebbe servito? Uno spinello già confezionato: un dollaro. Una mezz'ora di sesso nei bordelli al primo piano delle case, con alla finestra la scritta al neon GIRLS GIRLS GIRLS: dai venti dollari in su.

Salii una rampa di scale e andai a dare un'occhiata, vedere di persona è il primo comandamento del buon cronista. Sembrava un film sull'Italia del ventennio. Le ragazze balzarono in piedi per farsi vedere da me, il cliente, mentre la vecchia ruffiana mi invitava a scegliere decantando la qualità della merce. Da un camerino uscì un orribile meticcio butterato insieme a una biondina dall'aria triste e dalle enormi poppe cadenti. "No thanks, another time," balbettai, e tornai di sotto: in servizio non posso, avrei voluto aggiungere, per darmi un tono. Mi infilai in un sex shop, sfogliai un po' di riviste, passai in rassegna vibratori di dimensioni colossali, poi entrai in una cabina sulla cui porta era scritto PEEP SHOW: ormai sapevo cos'era. Infilai venticinque cent nell'apposita fessura e sbirciai: una finestrella si aprì nella cabina buia, vidi due donne, una nera e una bianca, che si slinguazzavano nelle parti intime. Dopo trenta secondi la finestrella si richiuse e uscii. Valutai se in nome della cultura sarei dovuto entrare anche nella cabina telefonica dove un vetro bucherellato mi separava da una ragazza nuda che faceva gesti invitanti: costava due dollari, decisi di no. Nell'attesa di dare il cambio alle due del peep show, una ragazza si tagliava le unghie, un'altra sbadigliava annoiata. Tornai fuori.

Un uomo si mise a correre davanti a me, scansando la folla. Qualcuno gli corse dietro, mentre si alzavano voci, urla, richiami.

Esplosero cinque colpi di pistola, risuonarono forti come bombe: era la prima volta che sentivo sparare così da vicino. Il fuggitivo stramazzò al suolo in una pozza di sangue. Accorsero altri agenti, cercando di tenerci lontani, ma la folla premeva, eravamo troppi, così arrivai a un passo dal morto. Dall'aspetto pareva portoricano. Non avevo idea del perché lo avessero ammazzato. Provai a chiedere a un poliziotto, ma quello mi guardò in un modo che mi fece passare la voglia di insistere. La gente si accalcava, spingeva dietro di me per avvicinarsi al cadavere. Era il primo morto ammazzato che vedevo con i miei occhi. Il secondo, se contavo il piede di un tizio che si era buttato sotto un treno a San Giovanni in Persiceto: ma quelli erano i miei inizi di cronista, quando facevo il liceo e il "Carlino Sera", in mancanza di giornalisti di cronaca nera in redazione, un giorno aveva mandato me a raccogliere qualche notizia sul "fatale incidente". Non c'era niente da raccogliere: del suicida era rimasto solo un piede, tutto il resto era spappolato sulle rotaie. Il portoricano della 42esima, rattrappito sull'asfalto, faceva più impressione. Dal bordello di sopra scese in strada una prostituta: annunciò a voce alta che lo conosceva, che era un borsaiolo, che certamente aveva provato a rubacchiare e, beccato, si era messo a correre. Presi appunti, mentre parlava, le feci qualche domanda. "Non si uccide così, senza processo!" gridò un nero, o almeno così mi parve di capire. La prostituta chiese chi ero, da dove venivo. "Oh, an Italian man!" sembrò deliziarsi quando glielo dissi. Propose di passare un po' di tempo insieme. Lentamente, tutti tornavano ai loro posti, la scena si ricomponeva. Un ubriaco, steso a faccia in giù, aveva continuato a dormire come niente fosse. All'angolo con la Settima Avenue, sorella Mary, tutta vestita di rosso con un garofano bianco all'occhiello, suonava sorridente la sua armonica, seduta su uno sgabello. "Che Dio vi benedica," diceva il cartello ai suoi piedi. Ci gettai venticinque cent e pensai che avevo abbastanza materiale per il mio servizio. Un morto sulla 42esima strada proprio la sera che ero andato a esplorarla: si poteva essere più fortunati di così?

Da qualche giorno c'era una novità importante: Giorgio Testi, il direttore della Giornali Associati, mi aveva comunicato che l'agenzia era stata acquistata dal Gruppo Espresso, e che dunque, invece di dettare i miei articoli al telefono, ora potevo portarli nella redazione newyorkese dell'"Espresso", batterli su un telex e trasmetterli direttamente a Roma, facendo tutto da me. Il primo che portai fu quello sulla notte di sesso, sangue e perversione sulla 42esima strada. Per coincidenza, la redazione era non lontano da casa mia, sulla 57esima, all'angolo con la Settima Avenue, qualche isolato più a nord della zona dei teatri di Broadway. Avevo appena messo piede nell'ingresso che mi parve di essere introdotto in un mondo magico, come quando, da bambino, ti portano per la prima volta in un posto "da grandi". Era un palazzone moderno di una ventina di piani: non proprio un grattacielo, ma quasi. Mezza dozzina di ascensori si aprivano e chiudevano in continuazione facendo squillare ogni volta un campanello. Uomini in divisa gallonata, davanti al bancone della reception, distribuivano e ricevevano posta, informazioni, telefonate. Impiegati e impiegate andavano e venivano, con l'aria dei vecchi del mestiere: qualunque fosse il mestiere. Diedi il mio nome alla reception, i portieri controllarono su un registro, fecero una chiamata e dissero che potevo passare.

L'"Espresso"! Il settimanale che vedevo in casa fin da bambino, quando era ancora in formato lenzuolo, con un inserto patinato su cui non mancava mai qualche foto di donne nude: quando papà e mamma lo avevano letto, lo portavo furtivamente in camera mia, per cercare quelle pagine. Ma sapevo, fin da ragazzo, che non era quella la sua unica attrattiva: sapevo che era un giornale di sinistra, chic, intellettuale, dove scrivevano le grandi firme del giornalismo italiano, gente come Giorgio Bocca, Eugenio Scalfari e Camilla Cederna. E adesso io stavo per essere ammesso in quel sancta sanctorum! (Sia pure come ultimo arrivato, ragazzo di bottega, battitore di un articolo al telex per la Giornali Associati.)

Aprì la porta Cathy, la segretaria con cui avevo parlato al telefono. Sembrava perfetta per la parte: tacchi alti, gonna con lo spacco, camicetta con un paio di bottoni aperti, bocca larga e labbra carnose, capelli fluenti. Parlava un buon italiano, ma con un accento alla Stanlio e Ollio. Il corrispondente dell'"Espresso", Carlo Radice, venne a stringermi la mano. La stessa mano che sicuramente aveva stretto quella di Giorgio Bocca, ora stringeva la mia. Stavo facendo progressi alla velocità della luce: se mi avessero visto, le spogliarelliste del topless bar, non mi avrebbero riconosciuto. E forse davvero non ero più la stessa persona. Radice aveva su per giù cinquantacinque anni, un bell'accento toscano e un aspetto, più che da giornalista, da professore universitario: occhiali spessi, fronte spaziosa, linguaggio forbito. Ma certo, mi dissi, *questo* è un vero corrispondente estero, mica uno scribacchino come me! Un uomo colto, istruito, civilizzato. Ne rimasi immediatamente affascinato. Cathy ruppe l'incantesimo, mi fece accomodare al telex mettendomi una mano su una spalla, cosa che mi diede un certo languido piacere, e mi spiegò come funzionava: pigiando sui tasti del telex per scrivere l'articolo, da una fessura usciva una striscia di carta perforata di colore giallo. Una volta finito di scrivere l'articolo, avrei estratto la striscia dalla fessura e l'avrei rinfilata in un'altra: premuto un tasto, l'articolo sarebbe stato battuto una seconda volta al ritmo di una mitragliatrice, facendo apparire le parole, in stampatello, contemporaneamente su un foglio davanti ai miei occhi e su un altro sul telex di Roma. Che meraviglia della scienza e della tecnica! Stando ben attento a non commettere errori, impiegai una mezz'ora buona a fare il mio lavoro, ma né Cathy, né Radice mi misero alcuna fretta. Per la verità, nemmeno mi degnarono di uno sguardo, ciascuno preso dalle sue cose. Quando finii, inserii la striscia perforata e questa sparò il testo, come promesso da Cathy. Avevo già visto un telex, nella redazione dell'Ansa, a Bologna, dove sin dagli anni del liceo andavo a fare il "negro" dopo le partite di calcio o di basket – ossia, a scrivere lo stesso articolo, in forma leggermente diversa, per tre o quattro testate differenti (l'Ansa, la "Gazzetta", il "Carlino", il giornale della squadra ospite) firmandolo non col mio nome ma con quello dei giornalisti più anziani che mi passavano questo lavoro di seconda mano e una percentuale dei guadagni che ne avrebbero ricavato: ma il telex, lì all'Ansa, era di competenza di un tecnico, io non mi ero mai neanche avvicinato a quella macchina miracolosa, consegnavo i fogli dattiloscritti al tecnico e al resto ci pensava lui. Andò tutto bene, comunque. Quando mi apprestavo a salutare e andarmene, Radice mi fece fare un rapido giro della redazione: c'era la sala della segreteria, il suo ufficio – bello e spazioso, con un bel balcone – e poi uno stanzino che fungeva da archivio, con un lungo tavolo rettangolare e qualche sedia intorno. "Se hai bisogno di scri-

95

vere, qualche volta puoi venire qui. Ti sistemi in archivio, così puoi consultare tutti i giornali che vuoi e lavorare tranquillo," disse. Io, a scrivere nella redazione newyorkese dell'"Espresso"?! Rimasi così allibito che non seppi cosa rispondere e probabilmente gli sembrai sgarbato.

Settembre era stato solo nuvole, piogge torrenziali o afa insopportabile, non il mese più bello dell'anno a New York, come dicevano tutti quelli che ci vivevano. Ma mi andava bene così. Volevo che l'estate finisse e arrivasse l'autunno, perché speravo – e un po' sentivo – che col cambio di stagione per me le cose sarebbero migliorate. Giorgio Testi aveva detto che sarebbe venuto a New York all'inizio di settembre; poi disse a metà settembre; poi ancora, alla fine di settembre; e adesso prometteva di venire in ottobre. Comunque prima o poi sarebbe venuto, e per me era importante, perché aveva detto che avremmo parlato faccia a faccia del famoso fisso mensile: quei cinquecento benedetti-maledetti dollari al mese che mi avrebbero permesso di smetterla col volantinaggio, che ormai non sopportavo più – nonostante le birre al bancone e i sorrisi della ballerina quarantenne – e che non avrei comunque voluto continuare con il freddo dell'inverno. Inoltre, a parte la questione del fisso, una volta avevo chiesto timidamente al mio amico Maurizio di informarsi quando mi sarebbero stati pagati gli articoli che stavo scrivendo: lui aveva risposto, un paio di giorni più tardi, che il direttore me li avrebbe pagati di persona, in contanti, durante la sua visita a New York. Ecco perché lo aspettavo con ansia.

Tornando a casa, percorsi la 57esima strada verso ovest fino al fiume, anziché scendere lungo Broadway e avvicinarmi alla 50esima in senso verticale. Era un tragitto nuovo e scoprii che a un certo punto la 57esima diventava meno elegante, anziché da ristoranti e boutique, era fiancheggiata da pompe di benzina e depositi di taxi. Ricordai di averla già vista, quella strada: era sulla locandina di *Taxi Driver*, in cui si vede Robert De Niro che cammina con le mani infilate nelle tasche del giubbotto. Il film l'avevo visto due o tre volte, tanto mi era piaciuto, e mi ero appeso sopra il letto la locandina, comprata a Bologna in un negozietto di materiale cinematografico: ecco perché quella strada mi si era stampata in mente, era la strada che guardavo tutte le sere prima di andare a letto. Ora dentro quella strada, dentro quel film, mi ci sentivo anch'io: il film di New York. Emozionato dal rivivere la stessa scena, cercai parole adeguate a esprimere quel che sentivano il personaggio di Bob nel film e il mio nella realtà: New York, per noi, era la nascita e la morte, il trionfo e la disfatta, la creazione dell'universo e la fine del mondo. Sebbene in quel momento propendessi più per la fine del mondo. Era l'imbrunire: la carcassa di un'auto bruciava in fondo al West Side, a due passi dal fiume. Mi sentivo stanco, come il De Niro tassista con le mani infilate nel giubbotto sulla locandina di *Taxi driver*. Scrivevo articoli a ripetizione, mangiavo male, leggevo e rileggevo gli unici due libri che mi ero portato dall'Italia, *Il giovane Holden* di Salinger e *Donne* di Bukowski, perché non avevo soldi per comprarne altri, non andavo quasi mai da nessuna parte tranne all'edicola, al supermercato portoricano e, ora, alla redazione dell'"Espresso". Da quanto, mi chiesi, non faccio una passeggiata a Central Park? Da quanto dico che vorrei prendere il traghetto per Staten Island e andare a visitare la casa in cui Meucci ospitò Garibaldi? Da quanto vorrei vedere la mostra di Hopper, il pittore di cui avevo sfogliato un catalogo alla libreria Rizzoli, che secondo me dipingeva come Glenn Miller suonava il jazz e come Wim Wenders faceva cinema?

Quella notte non riuscii a dormire. Nel mio stabile ci fu un gran casino, urla, porte che sbattevano, gente che saliva e scendeva le scale. Pensai fosse scoppiato di nuovo un incendio e mi sporsi a guardare dalla finestra, ma il problema era un altro. Alle due sentii qualcuno che cercava di sfondare la porta accanto alla mia, gridando: "Ti ammazzo, ti ammazzo, apri se sei un uomo, ti ammazzo, tornerò, tornerò!". I colpi facevano tremare tutta la casa. Dopo un po', una sirena della polizia. Poi passi pesanti in corridoio e il gracchiare di una radio. Mi alzai, andai alla porta e aprii uno spiraglio per vedere cosa succedeva. Un agente stava parlottando col mio vicino sulla soglia del suo appartamento: venne verso di me e, senza dire una parola, mi sbatté la porta in faccia. Meglio pensare agli affari miei. La casa sembrò di nuovo quieta. Ma appena il poliziotto se ne andò, il tizio di prima ricomparve e riprese a gridare "ti ammazzo, ti ammazzo, ti ammazzo!". Forse c'era dietro una storia d'amore, di tradimenti, di gelosia.

Al mattino provai a mettere un po' d'ordine nei miei ritagli di giornale. Avevo scritto articoli sul padre del leader polacco Lech Wałesa che viveva negli Stati Uniti, sulle elezioni presidenziali americane, sulle violenze dei neri nei ghetti, sul sesso in tutte le salse, sulla guerra Iran-Iraq, sul nuovo film di Kubrick, *Shining*, e su quello di Woody Allen, *Stardust memories*, una specie di *8½* di Fellini all'americana, o almeno così a me era parso. Quanto mi era piaciuto. Avevo immaginato le domande che avrei fatto a Woody, se ne avessi avuto la possibilità. E poi avevo immaginato cosa mi avrebbe detto lui, alla fine dell'intervista: "Senta, ma lo sa che nessuno mi aveva mai fatto domande così interessanti?". Saremmo diventati amici e in breve avremmo cominciato a frequentarci, saremmo andati a cena insieme da Elaine's, il suo ristorante preferito, avrei avuto un tavolo di prima fila al Michael's Pub, dove Woody suonava tutti i lunedì sera con la sua jazz band. Presto la cosa si sarebbe saputa in giro, la storia dell'insolita amicizia tra il grande regista e quel giornalista italiano, alle prime armi ma decisamente promettente: e pensare che si scriveva da solo i pezzi sul telex! Sarebbero usciti articoli su di noi sulla stampa locale, per non parlare di quella italiana. Prima o poi, ne ero certo, Woody mi avrebbe assegnato una parte in uno dei suoi film.

È incredibile di quante cose uno possa scrivere, senza saperne quasi niente. Ma ormai ci avevo preso gusto e lo facevo con una certa disinvoltura. "Cosa ti pare delle elezioni per la Casa Bianca, lì dal tuo osservatorio newyorkese? Reagan ce la farà a essere eletto?" Era il direttore, al telefono. E ridagli con l'osservatorio newyorkese. Faceva apposta, mi prendeva in giro o doveva avere una ben strana idea di me: forse pensava che leggessi trenta quotidiani al giorno, che frequentassi intellettuali nei salotti della New York bene, che fossi diventato amico, ecco, appunto, di Woody Allen. Avesse saputo che per raccogliere notizie mi chiudevo interi pomeriggi nella New York Public Library, la grande biblioteca pubblica sulla 34esima strada, a leggere vecchie annate di "Time" per colmare le mie immense lacune. "Mr Perscopio, telephone! Mr Perscopio, telephone!" Nel garage di fronte a casa, su cui si affacciava il mio "osservatorio newyorkese", richeggiava il solito, ossessivo richiamo. E io rispondevo al direttore che sì, in base a quel che vedevo e sentivo dal mio osservatorio, e contrariamente alle mie iniziali previsioni (ma questo non glielo dissi), forse Reagan ce l'avrebbe fatta a vincere le elezioni per la Casa Bianca: era scritto su tutti i giornali del resto, non ci voleva un genio a prevederlo.

Giorgio Testi confermò che sarebbe arrivato a fine mese, una settimana prima delle elezioni "per conoscerci e lavorare un po' insieme". Ma intanto, prima di lui, una bella mattina arrivò Michele. Il mio amico Michele di Bologna. Uno dei miei vecchi amici. Uno di quelli che mi avevano accompagnato alla stazione quando ero partito. Mi aveva telefonato qualche giorno prima annunciando che si era deciso a seguirmi: avrebbe provato anche lui a combinare qualcosa in America, si era stufato di Bologna, potevo ospitarlo per un po'? Accettai con entusiasmo. Fu come ritrovare un pezzo della mia famiglia. La prima sera, Michele volle invitarmi a cena, per celebrare: andammo in un ristorantino irlandese vicino a casa, scoprimmo che si spendeva poco ma si mangiava bene e abbondante. Parlammo a lungo di un sacco di cose: i miei primi tempi a New York, tutto quello che era successo a Bologna nel frattempo, l'estate, le vacanze, le ragazze, i miei e i suoi piani per il futuro, lo sport, la politica. Mi aveva portato tre o quattro lettere degli amici, e una di mia madre, la più bella. La mamma era rimasta sola, dopo il divorzio, non stava bene di salute, aveva pochi soldi e sentiva la mia mancanza. Ma era felice che io provassi a realizzare i miei sogni, quello per lei veniva prima di tutto, anche prima dei sogni suoi. Nella lettera mi raccontava una favola: "Un giorno un giovane si innamorò di una donna cattiva. Come prova d'amore, lei gli disse: 'Portami il cuore di tua madre'. Lui andò a casa della madre, la uccise, le estrasse il cuore con un coltello e andò di corsa a portarlo alla sua innamorata. Ma a un certo punto, correndo, incespicò e finì a terra. Il cuore gli cadde di mano e gli disse: 'Ti sei fatto male, figlio mio?'". Gli occhi mi si inondarono di lacrime e me ne rimasi così, annebbiato dalla commozione, per un bel po'.

C'era il problema di dove farlo dormire, Michele. Le prime sere si era arrangiato per terra, ma la presenza dei famelici "cockroaches", gli scarafaggi, ci preoccupava: se dalla cucina avessero annusato un corpo caldo, pochi metri più in là, sarebbero certamente partiti all'attacco. Era una paura ridicola: sul mio letto a una piazza non ero certo molto più al sicuro di lui steso a terra, di notte quelle bestiacce avrebbero potuto arrampicarsi fino a me. Non l'avevano ancora fatto, almeno così credevo, e speravo, ma, scarafaggi a parte, dormire per terra era indubbiamente scomodo. Così decisi di comprare un divano. Avrebbe permesso a Michele di dormire più dignitosamente che a terra e dato alla casa un'aria un po' più da casa, aggiungendo un pezzo allo scarno arredamento del mio living-room, composto dal tavolino da campeggio su cui scrivevo, da due sedie e uno sgabello con sopra un piccolo televisore in bianco e nero. Andammo insieme nel solo negozio in cui fino a quel momento avevo fatto i miei acquisti personali: il deposito dell'Esercito della Salvezza, sulla 48esima strada e Dodicesima Avenue. Vendeva abiti, mobili, piatti, elettrodomestici, libri, qualsiasi cosa, purché usata. I newyorkesi non hanno l'abitudine di mettere in cantina o in soffitta quel che non serve più: quando un oggetto non è più utile lo buttano via, in strada. Lì passano a recuperarlo i camion dell'Esercito della Salvezza, che rivendendo questa roba raccoglie i fondi per le sue mense e per i suoi ostelli.

Io e Michele adocchiammo un grande divano di velluto verde su cui lui avrebbe dormito benissimo e che avrebbe occupato un'intera parete del mio salottino dando un po' di colore e di tono alla stanza. Il divano costava trenta dollari. Michele offrì di fare a metà, ma rifiutai: era destinato a casa mia, l'avrei comprato con i miei soldi. Si sdebitò lo stesso, aiutandomi a trasportarlo fino a casa: due strade più a nord, due avenues più a est, sei piani di scale più in alto. Arrivammo in cima ansimanti, fradici di sudore, dopo aver rischiato più volte di far precipitare il divano nella tromba delle scale, dove avrebbe fracassato mezzo edificio e, magari, pure fatto vittime. Ci rimasero le braccia indolenzite per una settimana. In questo modo, comunque, adesso Michele aveva un giaciglio; e quando volevamo chiacchierare, il living-room era più ospitale per entrambi.

Arrivò il giorno tanto atteso. Giorgio Testi, il direttore della Giornali Associati, era a New York e una mattina mi convocò nella redazione dell'"Espresso". Quando entrai stava discorrendo con Radice nel suo ufficio: si alzò e venne a salutarmi. Portava i capelli un po' troppo lunghi per la sua età e un doppiopetto blu molto democristiano: ma fu gentile e simpatico. Ci appartammo nella stanzetta dell'archivio, il mio "ufficio", per venire al sodo. "Voglio dirti subito che non posso ancora farti un contratto d'assunzione," esordì, "abbiamo dei problemi amministrativi, il Gruppo Espresso sta rivedendo i nostri conti." Sentii un brivido lungo la schiena. "Però vedrai che presto o tardi ci arriveremo. Intanto dirò a Cathy di prepararti una lettera per chiedere l'accredito da giornalista, qui negli Stati Uniti, per conto nostro, ormai fai parte della famiglia e devi metterti in regola, ragazzo mio." Disse proprio così: "famiglia". Come se ci fossimo imparentati. Be', a me andava benissimo: ero più che contento di mettermi in regola. Ma non mi azzardavo a tirare fuori l'argomento che mi stava ancora più a cuore del mettermi in regola e lui sembrava divertirsi a ritardare il momento. Restammo un po' in silenzio, a sorriderci in modo idiota. Poi Testi infilò una mano in una tasca della giacca da democristiano, estrasse un fascio di banconote da cinquanta dollari, ne contò una decina e me le porse. "Io mantengo sempre le promesse. Questo è il tuo primo stipendio. I prossimi ti verranno accreditati ogni fine mese direttamente sul conto corrente, manda i dati alla mia segretaria a Roma. Per adesso sono cinquecento, e anche questi, se saprai meritartelo, cresceranno, vedrai." Ce l'avevo fatta! La sussistenza era garantita! Basta volantinaggio davanti al topless bar! Basta lezioni private! Lo avrei abbracciato, avrei ballato di gioia. Doveva vedersi, perché Giorgio Testi mi guardava gongolante, come una fata che ha appena toccato una zucca con la bacchetta magica e l'ha trasformata in carrozza, lasciando Cenerentola inebetita, sbalordita per la fortuna che le è capitata. Nell'entusiasmo dimenticai di chiedergli se quei cinquecento dollari valessero per il mese appena trascorso, per il successivo, o anche per tutti gli articoli che avevo scritto a partire da agosto per la sua agenzia. Ma lui tagliò corto: "Bene, ora basta chiacchiere. Ci vediamo domani, per lavorare," e il tono sottolineava "lavorare", come se fino a quel momento avessimo spudoratamente giocato a golf, quindi tornò nell'ufficio di Radice. Avevo la sensazione che tutto quello che avevo fatto in precedenza fosse stato solo una prova, gratuita, e che non avrei visto un centesimo, né per l'articolo che mi era costato tanta fatica, quella notte insonne, sul mafioso John Gambino, né per tutti gli altri che erano seguiti. Ma ero felice lo stesso.

Volevo essere io a invitare Michele fuori a cena, quella sera, per festeggiare. Era la notte di Halloween e intendevamo goderci lo spettacolo del Greenwich Village invaso da decine di migliaia di persone in maschera. Invece finimmo a un party: aveva telefonato Bruno e quando seppe dell'arrivo di Michele, che anche lui conosceva, ci invitò entrambi a una festa a casa della sua fidanzata Rachel, o meglio nella casa del padre di lei, che abitava in un palazzo elegantissimo dell'Upper East Side, uno di quelli col portiere in livrea a fare la guardia all'ingresso. Nello stesso edificio, all'ultimo piano, mi aveva informato Bruno, abitava il celebre banchiere David Rockefeller: il padre di Rachel non doveva essere molto più povero di lui. Non era in casa il paparino, quella sera, per cui Rachel e i suoi invitati potevano spassarsela liberamente. Molti erano in costume, da diavolo, da angelo, da poliziotto, da rapinatore, da medico e da infermiera, e chi non era in costume aveva almeno una mascherina sul volto. Soltanto Michele e io eravamo vestiti come al solito. L'appartamento aveva decine di stanze e di bagni, era un vero labirinto. C'era una sala con un televisore che occupava tutta una parete e, dietro un ripiano scorrevole, centinaia di videocassette. Spaparanzata su un divano, una coppia stava guardando *Apocalypse Now* a tutto volume: rivedevano sempre la stessa scena, quella iniziale, col bombardamento al napalm che brucia i villaggi vietnamiti e come colonna sonora i Doors che cantano "This is the end, my only friend, the end". Dopo di che i due abbracciati sul divano fermavano l'immagine, riavvolgevano il nastro e lo facevano ripartire. Erano completamente fatti, sballati: di fumo o d'altro. Su un tavolino basso, nel grande salotto adiacente, c'erano strisce di una polverina bianca e gente inginocchiata che sniffava da banconote arrotolate. A braccetto con Rachel, Bruno sprizzava allegria, facendo le presentazioni tra amici di vari giri. Io e Michele cercammo di fare amicizie. Grazie a un anno di liceo negli Stati Uniti, lui parlava inglese meglio di me e così, sfruttandolo come interprete quando necessario, potevo avviare una conversazione con gli altri invitati. C'erano parecchie ragazze, anche molto carine: ma non sembravano minimamente interessate a noi. Del resto, la conversazione, questo lo avevo già imparato al party di Larry e prima ancora a quello di Bruce Willis, filava sempre più o meno alla stessa maniera. Sei italiano? Sì. Da quanto tempo sei qui?

Da qualche mese. Cosa fai? Il giornalista. Oh, so interesting. Io faccio la scultrice. O la sceneggiatrice. O l'attrice. Erano tutti artisti, a New York. Facevano di mestiere il cameriere, il lavapiatti, il fattorino, il tassista, il facchino, ma si proclamavano – e forse lo erano davvero – attori, registi, scrittori, pittori, ballerini: la loro aspirazione era l'arte e poco importava che solo uno su cento o su mille o su diecimila o su centomila sarebbe riuscito a realizzarla. Con le ragazze non combinammo un bel niente, ma eravamo contenti di essere stati a un party dell'alta società newyorkese. Nel complesso, a dire il vero, ci eravamo fatti due palle così. La cosa veramente bella fu vedere New York alle cinque del mattino: un immenso carnevale che si snodava dall'Upper East Side fino al suo epicentro, nel Village, dove andammo a fare colazione con una fetta di pizza a taglio. Intorno a noi, gente di tutti i colori, una città notturna anche alle prime luci dell'alba, con la magia dei sogni della notte che ancora non si spengono.

Comunicai al boss del topless bar – continuavo a chiamarlo così, "boss", dal momento che ignoravo il suo nome – che non potevo più fare volantinaggio per lui. Alzò le spalle, non fece domande, rimase impassibile: mi augurò buona fortuna e "have a nice day". La ripetevano tutti, di continuo, quella frase: have a nice day have a nice day have a nice day. Al momento di salutarti, quando pagavi il conto del ristorante, se chiedevi un'informazione. Have a nice day. Non era come il nostro buongiorno, era un mantra, un karma, un obbligo morale: *devi* passare una bella giornata, capito?! Non provarci nemmeno a passarne una così così, o sarà peggio per te, deficiente! Sarebbero state poi davvero belle, le mie giornate, senza i volantini con le donne discinte, e senza la sosta nel topless bar dopo il volantinaggio? Be', dalle mie ballerine ci sarei tornato ogni tanto come cliente, questo era certo. E prima o poi avrei trovato il coraggio di invitare fuori a cena la mia entraîneuse favorita: la quarantenne che mi faceva sorrisi e mi regalava le sue carezze. Quando andai a licenziarmi era pomeriggio, il turno delle scartine, delle riserve, delle spogliarelliste di serie B, e c'era anche lei, puntuale, al suo posto, in piedi dietro il bancone. Mi fermai a bere una birra. La barista, non sapendo che non lavoravo più per loro, voleva offrirmela, come al termine del mio turno, ma io insistetti per pagare di tasca mia: me ne vado, figliola, il mio posto non è più qui, ho firmato un contratto – be', tecnicamente non l'ho proprio ancora firmato, ma sono dettagli insignificanti –, la vita mi chiama altrove, a midtown, dove si fanno i miliardi e si giocano i destini del pianeta, eppure ti assicuro che non mi dimenticherò mai di voi, e nemmeno di te, anonima barista che eri sempre pronta a offrirmi una birra dopo il lavoro.

Stavo rimuginando questo bel discorsetto, quando si avvicinò la mia ballerina: le infilai nella giarrettiera due dollari, invece della solita banconota singola, tanto per rimarcare il profondo cambiamento che stava attraversando la mia esistenza. E lei mi strofinò per bene le tette sulla camicia. Per ricompormi dovetti andare a pisciare. Quella notte facemmo selvaggiamente l'amore mentre mi masturbavo sul mio letto a una piazza e Michele ronfava poco più in là, sul divano di velluto verde.

Ronald Reagan, come tutti prevedevano – ormai perfino io –, vinse le elezioni. Lavorai tre giorni come un ossesso, prima a scrivere e poi a riscrivere articoli al telex: ormai ero diventato un fulmine, dato che battevo non solo i miei articoli ma anche quelli del direttore. Ogni mattina alle otto ci incontravamo nell'ufficio dell'"Espresso": io con i giornali già letti, lui non ancora, mi offriva un caffè e una ciambella, discutevamo i possibili servizi del giorno e ci mettevamo al lavoro, in archivio, seduti uno di fianco all'altro. Mi sentivo parte di una redazione vera, di un vero giornale, finalmente. Poi andavamo a pranzo insieme, Giorgio Testi, Radice, Cathy e io, in un ristorante vicino all'ufficio: pagava Testi per tutti, ma io ordinavo squallide insalatine come loro per non fare la figura del pezzente; quindi rientravamo in ufficio per programmare il lavoro del giorno seguente.

A tavola si discuteva di Reagan, dello sviluppo che avrebbe portato in America e nel mondo. Cercavo di dire il minimo indispensabile, ma un po' alla volta presi coraggio e mi accorsi che i miei commenti venivano apprezzati. In fondo anche a me non sembravano più stupidi di quelli che facevano Testi e Cathy. Non potevo crederci, eppure i miei commensali consideravano normale che avessi opinioni su Reagan: stavo raccontando sui giornali italiani com'era finita la corsa alla Casa Bianca, quindi dovevo intendermene. Io dovevo intendermene, io, che capivo a malapena l'inglese, lo leggevo a fatica e avevo cominciato a occuparmi di politica americana *ben* due o tre mesi prima. Mi aspettavo che da un momento all'altro qualcuno mi svegliasse e dicesse: "Ehi, cretino, stavi blaterando in sogno di Carter, Reagan, Washington, torna giù sulla terra!". O, peggio, che un incrocio tra un poliziotto, un preside di liceo, un ispettore ministeriale e un caporedattore di giornale entrasse in ufficio mentre io battevo furiosamente sui tasti della macchina da scrivere, e gridasse ai suoi aiutanti: "Eccolo, prendetelo, è un impostore! Si spaccia per un giornalista, ma non ne sa mezza. E non sa nulla nemmeno di altre cose! Chiedetegli come ha ottenuto la laurea! Chiedetegli se è vero o no che ha copiato il compito all'esame di maturità! Via, portatelo via, squalificato a vita!".

E sarei tornato a distribuire volantini davanti al topless bar, luogo più consono alla mia ignoranza.

Ma non accadde. Miracolosamente, non accadde. Prima di ripartire per Roma, Giorgio Testi mi comunicò che da quel momento sarei potuto andare in redazione tutti i giorni a scrivere i miei articoli per la Giornali Associati, se volevo. "Ti consiglio di farlo: respirare l'aria di un giornale ti farà bene e da Carlo potresti imparare molto." Il giorno dopo Cathy mi diede una copia delle chiavi e un tesserino di riconoscimento da mostrare all'ingresso se qualcuno dei portieri mi avesse fermato. Poi mi fece firmare un paio di moduli per chiedere alla polizia un tesserino di identificazione: anche quello faceva parte dell'accreditamento di un vero giornalista. Andando a casa facevo tintinnare in tasca le chiavi della redazione dell'"Espresso". Mi sentivo come se qualcuno mi avesse consegnato le chiavi del paradiso.

Passata la sbornia elettorale, l'agenzia riprese a chiedermi articoli sulla società americana, i fatti di costume, gli spettacoli: erano quelli che andavano di più, mi spiegava Maurizio al telefono da Roma. Lessi sul giornale che stava per uscire un nuovo film di Martin Scorsese, con Robert De Niro nella parte del protagonista: *Raging Bull*, "Toro scatenato", la vera storia, dalla polvere agli altari e di nuovo alla polvere, del pugile italoamericano Jake La Motta. Il giornale diceva che De Niro, con la sua abituale capacità di calarsi totalmente nel personaggio, aveva imparato a tirare di boxe per interpretare il ruolo di La Motta, aveva voluto conoscere l'ex campione, poi era ingrassato fino a diventare quasi irriconoscibile per le scene in cui La Motta, abbandonato il pugilato, cerca di guadagnarsi da vivere come cabarettista in un night-club. Sia io che Michele avevamo una venerazione per De Niro e Scorsese: andammo a vedere il film insieme, la sera della prima, all'ultimo spettacolo, in un cinema di Times Square. La musica dei *Pagliacci*, la fotografia in bianco e nero, la struggente storia di ascesa e declino di La Motta, il suo amore possessivo e ossessivo per una bionda conturbante... Uscimmo emozionati, barcollanti, come se avessimo ricevuto anche noi un pugno da ko. Diluviava, ma non sentivamo il freddo né la pioggia. Notai un circolo di persone attorno a un vecchietto smilzo che firmava autografi, all'ingresso del cinema. "È Jake, il vero Jake La Motta," ci informò uno di quelli che si allontanavano con la sua firma. Mi feci sotto, e quando venne il mio turno invece di chiedergli un autografo dissi: "Lei è stato un grand'uomo, mister La Motta. Davvero, un grand'uomo". Ripetei la frase due volte, perché lui non mi sembrava molto convinto. Era piuttosto mingherlino e, avvolto in un vecchio pastrano, non aveva l'aria del grand'uomo, e nemmeno di passarsela troppo bene. Chiesi se era venuto a vedere le reazioni del pubblico in sala: una domanda più stupida non potevo trovarla, era evidente che era così. Fece segno di sì con la testa, e se ne andò senza salutare.

Ultimo giovedì di novembre: il Giorno del Ringraziamento, la festa di Thanksgiving in cui gli americani mangiano il tacchino arrosto e ringraziano per tutte le cose buone che hanno ricevuto dalla sorte, in primo luogo il fatto di essere americani e non qualche altro popolo meno fortunato. Avevamo entrambi buoni motivi per ringraziare, io e Michele. Io per il fisso mensile della Giornali Associati, per le chiavi della redazione dell'"Espresso", per la spogliarellista quarantenne, anche se non me l'aveva data, e per Suzan, anche se dopo avermela data era scomparsa. Michele perché aveva trovato un appartamento identico al mio, nello stesso edificio, tre piani più sotto, e un posto di lavoro come commesso dei grandi magazzini Macy's, al bancone delle cravatte. Doveva essere un'occupazione temporanea, in attesa di decidere le sue prossime mos-

se, ma intanto era un lavoro vero, che gli assicurava abbastanza soldi per pagare l'affitto e arrivare alla fine del mese. Gli raccontai del
mio furtarello di cancelleria da Macy's, sicché ritenemmo opportuno che non andassi mai a trovarlo sul posto di lavoro. Ma cominciare come venditore di cravatte, gli dissi, era senz'altro meglio
che cominciare come distributore di volantini di un topless bar,
sebbene non ci fossero le spogliarelliste a fargli compagnia. Terzo
motivo di ringraziare la sorte per Michele: un americano, vecchio
amico di suo padre, che viveva a un'ora e mezzo a nord di New
York, gli aveva promesso di regalargli un po' di mobili che teneva
in garage. Con quei mobili, avrebbe potuto completare lo sparta-
no arredamento degli appartamenti pseudoammobiliati dell'avvocato Peter Giaimo. Per l'occasione, l'amico lo aveva invitato alla
tradizionale cena di Thanksgiving. Michele mi propose di andarci
insieme: prendemmo a noleggio un pullmino su cui avremmo ca-
ricato i mobili e partimmo.

Era la prima volta che uscivo da New York. Appena superata
Manhattan, dopo esserci lasciati alle spalle anche il Bronx, su un'au-
tostrada a otto corsie per senso di marcia fitta di auto, mi parve di
essere entrato in America, nell'America vera, e non è che mi piacesse molto. Villette, shopping-center, fast food dalle insegne colorate: dal finestrino non vedevo altro. L'amico di famiglia di Michele viveva a North White Plains: se non ci fossero stati i cartel-
li ad avvertirci che eravamo arrivati, non ci saremmo mai acccor-
ti che quel reticolo di strade suburbane senza un passante in giro
era una città. Ci aprì la porta la moglie, un'americana sui quaran-
tacinque anni, ancora piacente, che sembrava appena uscita da
messa in piega, manicure e pedicure: alta, robusta, profumata, vestita come se stesse per andare a un galà. Ma era una cuoca pro-
vetta: il suo tacchino ripieno si rivelò ottimo. Il marito parlava poco, ipnotizzato dal grande televisore nel living-room, sintonizzato
su una partita di football americano – immancabile contorno del
tacchino di Thanksgiving, mi spiegò Michele, che sulle abitudini
dei nativi ne sapeva più di me, avendo già trascorso un anno negli Stati Uniti. La casa era pacchiana ma confortevole: la moquet-
te tanto spessa che ci si affondava dentro, dal soffitto pendevano
lampadari arzigogolati, miriadi di soprammobili riempivano le vetrine disposte lungo le pareti. In giardino c'erano statuine di na-

netti; e in casa c'era una camera degli ospiti che sembrava la stanza di Biancaneve. Era per me e Michele. Quella notte ci fermammo a dormire lì.

Il giorno seguente facemmo un giretto in un grande magazzino con prezzi molto più bassi che a Manhattan, dove Michele fece qualche compera per la sua casa. Io, nonostante il primo stipendio di cinquecento dollari ricevuto dalla Giornali Associati, non mi sentivo ancora granché sicuro finanziariamente e pensavo di dover continuare a risparmiare il più possibile: entrato in un camerino, infilai un paio di jeans nuovi sotto i miei vecchi, ormai logori, e uscii senza pagare, pregando di non venir beccato come era successo da Macy's. Filò tutto liscio, nonostante non sia facile camminare con due paia di jeans addosso senza dare nell'occhio: un altro motivo di gratitudine nel Giorno del Ringraziamento. Caricati i mobili sul pullmino, durante il viaggio di ritorno feci a Michele un bilancio ad alta voce della mia situazione: avevo una casa, uno stipendio, ora avevo anche lui, un amico caro, tre piani più sotto, forse avevo un avvenire... avevo perfino un divano di velluto verde in salotto. Che cosa potevo desiderare di più? Be', una cosa la desideravo e mi mancava eccome, tremendamente: una donna. Suzan, con quella notte d'amore, aveva aumentato, anziché placarla, la mia fame. Come avevo fatto a conquistarla così facilmente? Era stata lei a sedurmi. Ma perché? Pensai che doveva essersi accorta del mio lungo digiuno, dal modo in cui la guardavo a bocca aperta, e si era generosamente concessa. Aveva fatto un'opera di bene. Ne avrebbe fatta un'altra, anche se ora era sposata con l'unico canadese nero del Canada?

Ne dubitavo. Ma avevo una voglia tremenda di rivederla. Era la donna più bella e affascinante che avessi incontrato in vita mia, ci ero andato a letto e, zac, era scomparsa. Non era possibile. Non era giusto. Non l'avrei lasciata uscire così dalla mia vita.

Ed ecco che arrivò l'occasione di rivedere Suzan. Un giorno Larry mi invitò all'inaugurazione della sua prima personale in una galleria di Soho. Era un artista vero, ormai, non come la maggioranza di quelli che incontravi ai party. "Sono famosino," mi diceva ironicamente in italiano per indicare il livello del suo successo.

Faceva il pittore e basta, non anche il cameriere o il tassista: per questo, probabilmente, faceva anche la fame. Lo trovavo più autentico di tanti altri veri o presunti artisti. Non gli feci domande riguardo a Suzan, perché non pensasse che andavo al suo party solo per vederla – benché in effetti la motivazione fosse quella. Chiesi a Michele di accompagnarmi: andai a prenderlo da Macy's, aspettandolo prudentemente sul marciapiede opposto. Alla galleria c'era un sacco di gente nella posizione tipica che avevo ormai imparato: in piedi, stretti uno contro l'altro come una muraglia umana, ognuno con un bicchiere di vino in una mano, quasi tutti con una sigaretta nell'altra. Tra il fumo e il vociare, dopo due minuti non si vedeva né si capiva niente. Continuavo a guardarmi in giro cercando Suzan tra la folla: a quel punto, avrei voluto gettare la maschera e chiedere notizie a Larry, ma lui era troppo occupato a salutare i nuovi arrivati e a mostrare le sue opere: strane composizioni astratte fatte con pezzi di legno, stringhe, lacci incollati alla tela, pitturati a colorati vivaci.

A un certo punto io e Michele ci stufammo e andammo a fumarci una sigaretta in strada, nonostante il freddo intenso. Due ragazze avevano avuto la nostra stessa idea. Una biondina e una moretta. Lì fuori, almeno, si capiva quello che si diceva. Erano venute alla mostra perché la biondina conosceva un'amica di Larry. Suzan, per caso?, avrei voluto domandarle, ma sarebbe stata una coincidenza troppo fortunata e lasciai perdere. Dicemmo i nostri nomi e come conoscevamo Larry. Loro si chiamavano Ann (la biondina) e Angie (la mora). "Angie? Che nome è?" domandai. "Italiano," rispose. "Italoamericano. È il diminutivo di Angela." Mentre stavamo lì, a fumare e a chiacchierare delle cose insulse di cui si chiacchiera in piedi a un party (ancora più insulse se le chiacchiere sono in inglese e devo farle io), mi sentii invadere da una inaspettata dolcezza. Angie. Era diversa dalle italoamericane con i capelli cotonati e gli abiti sgargianti che incontravo sull'autobus a Brooklyn. Parlava poco, lasciando che fosse l'altra, la sua amica, a fare da protagonista. Veniva voglia di proteggerla, perché aveva un modo di fare timido e modesto pur essendo, a ben guardarla, piuttosto carina: capelli neri, occhi verdi, nasino all'insù. Ed era italoamericana. Una che dunque capiva gli italiani. Una che doveva avere nel codice genetico le sofferenze e i patemi di generazioni d'emigranti. Era vestita semplicemente, jeans, golf, un giaccone. Mi piaceva. Sì, mi piaceva il suo modo di fare e anche il modo in cui era fatta, o almeno in cui mi pareva fosse fatta, sotto il giaccone e i jeans. Mentre mi perdevo in queste elucubrazioni, Ann indicò l'orologio: "Si è fatto tardi". "Eh già, anche noi, tra un po'..." risposi io, tanto per dire qualcosa. "Be', allora ciao," fece Angie. "Ciao", in italiano, proprio così: che amore di ragazza! Si erano allontanate di pochi passi, quando le rincorsi: non potevo lasciarmela sfuggire. "Mi dareste i vostri numeri di telefono? Magari andiamo insieme a un cinema," riuscii a dire. Me lo diedero entrambe. Da bravo cronista, avevo sempre con me una biro e un pezzo di carta. Avrei dovuto telefonare ad Angie il giorno dopo? o quello dopo ancora? Per concordare un'uscita a quattro? o noi due soli? Dibattei a lungo con Michele ogni aspetto del problema. A lui Ann non interessava, ma se lo avessi ritenuto necessario sarebbe uscito lo stesso, in due coppie, per aiutarmi a creare un clima favorevole. Ma era necessario? Non era più facile conoscersi in due, a tu per tu, senza altri di mezzo? Aveva ragione. Avrei fatto una bella fatica a parlare in inglese tutta la sera. Con Suzan era stato facile: non avevamo quasi parlato ed eravamo andati subito al sodo, su sua iniziativa. Ma con Angie? Rimuginai su dove avrei potuto portarla, tenendo presente che non avevo molti soldi da spendere. Nel nostro breve incontro mi ero dimenticato di chiederle cosa faceva, e del resto lei non mi aveva chiesto cosa facevo io: mi era piaciuta anche per quello, non c'era stato il solito interrogatorio tipico dei party. Magari lavorava in una pizzeria di italoamericani, con il padre. Quel pensiero – non la pizzeria, gli italoamericani – mi diede un'idea: l'avrei portata al cinema, a vedere il film su Jake La Motta. La storia di un figlio di immigrati come lei. A rivederlo, nel mio caso: ma lo avrei rivisto volentieri. Se non avessi fatto colpo da solo, mi auguravo che mi avrebbe dato una mano Robert De Niro.

Telefonai, sperando di non aver scambiato i numeri e che non mi rispondesse la voce di Ann. Andò tutto bene. Rispose Angie e accettò di venire al cinema: il film su La Motta non l'aveva visto e disse che De Niro le piaceva moltissimo. Il mio piano stava funzionando. Scelsi un cinema diverso da quello in cui lo avevo visto con Michele, in una zona meno malfamata di Times Square. Al buio, in sala, mi commossi per la seconda volta; e mi sembrò che anche Angie fosse emozionata. All'uscita disse che il film l'aveva incantata. Andammo a cena in un coffe-shop greco e parlammo di cinema, di italoamericani, di libri, tutta la sera. "Parlammo" è un'e-sagerazione. Io facevo un sacco di errori, gesticolavo in modo ridicolo come un italiano da cartolina, mi confondevo da solo senza riuscire a finire un discorso, ma in qualche maniera mi pareva di esprimere ciò che volevo. Scoprii, con una certa sorpresa, che oltre a De Niro io e Angie avevamo un'altra passione in comune: Henry Miller e *Tropico del Cancro*. Non avrei mai immaginato che, con quell'aria timida, le piacesse un romanzo sulle avventure di sesso di uno scrittore nella Parigi degli anni venti. Ma forse le piaceva per altre ragioni.

Usciti dal coffe-shop, continuammo a parlare e a camminare senza meta. Dopo un po' le chiesi se voleva bere qualcosa da me. Era una proposta di una banalità tremenda, me ne rendevo conto, ma purtroppo non mi era venuto in mente niente di meglio. "Why not?", perché no, rispose Angie sorridendo. Un sorriso più dolce che malizioso, mi sembrò, in linea con l'idea che mi stavo facendo di lei: una ragazza semplice e diretta. Prendemmo un taxi: il primo da quando ero a New York, ma non intendevo percorrere a piedi a quell'ora di notte, con una donna al mio fianco, gli isolati che separavano la fermata del metrò da casa mia. Salimmo sei piani di scale in silenzio. La feci accomodare in cucina, sperando che non ci fossero troppi scarafaggi: quella sera, fortunatamente, dovevano essere andati al cinema anche loro. "Non ho molto da bere, in realtà," annunciai, "ti andrebbe un bicchier d'acqua?" Angie disse che le andava. C'era una scena identica nel film che avevamo appena visto. Se la ricordava, sapeva cosa sarebbe venuto dopo e forse avrebbe trovato divertente la citazione cinematografica; se non la ricordava, tanto meglio. Le portai l'acqua. La bevve in una lunga sorsata. Sedetti al suo fianco, la guardai in silenzio con grande intensità drammatica, a cui mi parve che lei rispondesse con altrettanta intensità. Le feci il gesto di sedersi sulle mie ginocchia, proprio come faceva Robert De Niro nel film con l'attrice Cathy Moriarty, la bionda dei suoi sogni. E lei venne a sedersi su di me. Le carezzai un po' la schiena, sempre in silenzio, come nel film. Poi la baciai, come aveva fatto Bob con Cathy. Restammo in cucina a baciarci per un po', fintanto che non cominciai a sentire un fastidioso formicolio alle ginocchia: non potevo continuare a tenerla in braccio ancora per molto. Allora le feci segno di alzarsi, la presi per mano e ci trasferimmo sul letto. Avevo una donna, e intendevo tenermela ben stretta: non l'avrei lasciata scomparire come Suzan, pensai serrando i pugni. Proprio come De Niro.

8.
QUESTE COSE SUCCEDEVANO SOLO NEI FILM

C'erano migliaia di persone davanti al Dakota, il palazzo goti-
co in cui Roman Polanski aveva girato un film da brividi su una
donna che rimane incinta del demonio. Sotto la pioggia battente,
uomini e donne di tutte le età, alcuni con un bambino a cavalcioni sulle spalle, alcuni sotto ombrellini colorati, altri lasciandosi annaffiare dall'acqua che scendeva a catinelle dal cielo, alcuni con una
bicicletta a fianco, alcuni con un mazzolino di fiori in mano che si
bagnava fino a diventare fradicio e piegato all'ingiù come un sali-
ce piangente, alcuni con la chitarra a tracolla, alcuni con una birra, alcuni con un bicchierone di caffè, alcuni fumando una sigaretta, alcuni fumando uno spinello, alcuni piegandosi ad accende-
re una minuscola candela sotto la volta del portone del palazzo,
molti con gli occhi arrossati, molti tenendosi per mano, molti pian-
gendo abbracciati, erano accorsi a partecipare il loro intimo cor-
doglio alla notizia che le radio gracchiavano da ore da un capo al-
l'altro della grande città: "È morto John Lennon". Morto assassinato, ucciso a pistolettate da un pazzo che lo aspettava sul marciapiede, proprio lì, dove ora eravamo tutti noi, davanti al Dakota,
dove l'ex dei Beatles viveva con la moglie Yoko Ono, in un grande appartamento di venticinque stanze affacciato su Central Park.
Si diceva che il parco, quel polmone di verde nel cuore di New
York, la sera ridiventasse un bosco primordiale, un luogo di rapi-
ne, stupri, omicidi, dove bande di delinquenti, assassini o forse lu-
pi mannari compivano indisturbati le loro scorribande: dicevano
anche che se ci entravi dopo il tramonto eri perduto. Ma l'assassino di John Lennon non era un lupo mannaro, non era uscito da

Central Park: aveva preso la metropolitana, con la pistola sotto la giacca, e lo aveva atteso sul marciapiede, per ucciderlo, senza una ragione che non fosse la sua lucida follia e l'ansia di esistere, contare, aver successo, essere qualcuno. C'ero andato anch'io: in cerca di "colore" per l'articolo che avrei scritto, come aveva chiesto il direttore. Un hippy di almeno quarant'anni, con una fascia azzurra a trattenergli i lunghi capelli, aveva portato una radio, l'aveva appoggiata sul cofano di un'automobile e la teneva accesa a tutto volume su una stazione che trasmetteva, in segno di lutto, tutte le canzoni più famose di Lennon e dei Beatles. Era la musica che aveva scandito e accompagnato vent'anni della vita dell'Occidente. Vent'anni della nostra vita. Alle prime note di *Imagine* mi parve di sentire un singhiozzo collettivo che si alzava dalla 72esima strada.

Quella sera raccontai ad Angie tutto quello che avevo visto, ascoltato e provato davanti al Dakota. Stavamo insieme da una settimana, io e Angie. Non avevamo parlato molto, fino a quel momento, sia perché, per quanti sforzi facessi, il mio inglese continuava a essere alquanto limitato e dopo un po' la concentrazione che mi ci voleva per dire qualcosa di sensato, e capire cosa stesse dicendo Angie senza doverle ogni volta chiedere di ripetere, mi stancava. Sia perché stavo cercando di rifarmi del digiuno che avevo patito dal giorno del mio sbarco in America, con l'eccezione della notte da sogno con Suzan – così magica, in effetti, che più il ricordo si allontanava nel tempo, più mi chiedevo se fosse stato davvero solo un sogno. Le prime notti Angie aveva dormito da me, riempiendo col suo odore l'appartamento e riscaldandolo col suo corpo. Non per modo di dire: lo riscaldava proprio. Ogni sera, alle undici in punto, un generatore centrale spegneva il riscaldamento in tutto lo stabile e i termosifoni diventavano gelidi. Dalla fine di ottobre la temperatura aveva continuato a scendere, e ora, a metà dicembre, la notte si gelava: il vento proveniente dal Canada si tuffava nei canyon di grattacieli di Manhattan, creando il famoso "wind chill factor" che faceva scendere ulteriormente il termometro di dieci gradi o più. Col termosifone spento, nel corso della notte si formava sulle mie finestre uno strato di sottile brina, non solo sull'esterno ma anche internamente: il vetro era troppo sottile per assicurare una solida protezione. Steso sul letto, quando ero solo, battevo i denti dal freddo. Per rimediare, oltre alle lenzuola e alla coperta di lana che avevo acquistato al magazzino dell'Esercito della Salvezza, stendevo sopra di me la mia unica giacca, due maglioni, il cappotto – acquistati, anche questi, all'Esercito della Salvezza –, talvolta perfino qualche asciugamano e il "New York Times", con le sue grandi pagine spalancate. Mi infilavo le calze, una maglia a maniche lunghe, dei pantaloni di felpa, mi cacciavo sotto quella montagna stratificata di panni e un po' alla volta mi addormentavo: scoprii com'è difficile addormentarsi, anche se sei stanco, quando sei teso come una corda di violino per il freddo. Alle sette del mattino i termosifoni ricominciavano a riempirsi, e com'era dolce svegliarsi sentendo quella melodia di fischi e botti che correva nelle tubature della casa, come un inno alla vita che ritorna: sulle finestre, piano piano, si scioglieva il ghiaccio, e da fuori tornava a filtrare luminosa la luce del giorno. Aspettavo un quarto d'ora, venti minuti, e quando cominciavo a sentire un po' di tepore mi alzavo e saltellavo fino alla cucina, dove mi facevo la barba sul lavandino – non prima di aver aperto i rubinetti dell'acqua calda della vasca da bagno e acceso i fornelli per far salire la temperatura. Ma con Angie era diverso. Prima ci riscaldavamo facendo l'amore, poi ci addormentavamo nel letto a una piazza, stretti in un abbraccio di sesso, affetto e reciproca protezione dal gelo.

Angie abitava sulla 90esima strada est, in un appartamento simile al mio come dimensioni, ma senza la vasca da bagno in cucina: aveva la doccia in bagno, come la gente civile. Era un quartiere abitato da bianchi: c'erano generazioni di immigrati polacchi, ungheresi, tedeschi, russi. Lei faceva la cameriera a giorni alterni, certe volte per il pranzo, altre per la cena, in un ristorante egiziano a pochi isolati da casa: era lì il giorno della veglia funebre per John Lennon, perciò non aveva potuto accompagnarmi. Diversamente dagli altri, che a New York non dicevano "faccio il cameriere" o "faccio il tassista", bensì "sono uno sceneggiatore" o "sono un attore", lei diceva "faccio la cameriera" e basta. Veniva da una famiglia italoamericana atipica: il padre, malato di cuore, aveva smesso di lavorare ancora giovane ed era sempre rimasto a casa con i figli – lei e i tre fratelli – mentre la madre usciva a lavorare e doveva guadagnare per tutti. Era cresciuta a Corona, il quartiere italoamericano del Queens, con pochi soldi in tasca e molto amore paterno. Non si era iscritta all'università, anche se le sarebbe piaciuto, perché nel suo ambiente, nel suo quartiere, era una cosa che semplicemente non si faceva. Vestiva quasi sempre in jeans e scarpe da ginnastica: con un giubbotto e i capelli corti sarebbe potuta sembrare un uomo, ma non a me, che la trovavo sexy in un modo tutto suo. E certamente non sembrava un uomo quando si spogliava. Aveva un culo fantastico e tutte le curve al posto giusto.

La sera in cui le raccontai della veglia per John Lennon, Angie mi offrì un take-away di cibo egiziano che le aveva regalato il proprietario del ristorante, e cenammo a casa sua, dove per la prima volta mi fermai a dormire. Le mie finestre, all'ultimo piano, affacciate sulla Undicesima Avenue, offrivano un'impareggiabile vista dei tramonti sull'Hudson e sul New Jersey; ma se, invece del cielo, guardavo in basso, c'era poco da ammirare: strade deserte, semibuie, case diroccate, montagne di spazzatura, cagnacci rognosi, qualche prostituta in lontananza, davanti a un falò, e la sola luce del diner, aperto giorno e notte. Le finestre di Angie, invece, al secondo piano, affacciate sulla Seconda Avenue, avevano la vista su New York, la vera New York: una marea di taxi gialli che passavano a ondate, gli autobus cigolanti con un immenso autista simile a un cocchiere, un negozietto coreano di frutta e verdura aperto ventiquattr'ore su ventiquattro sul lato opposto della strada, un bar con l'insegna al neon attraverso le cui finestre intravedevo il tavolo verde del biliardo, il candy store di un pakistano che vendeva giornali e sigarette, la lavanderia di un cinese, il coffe-shop greco all'angolo. Mi ero già accorto che i mestieri, in quella città, erano distribuiti misteriosamente per nazionalità: fruttivendoli coreani, tabaccai indiani o pakistani, lavasecco cinesi, caffè greci, e così via. Dalla finestra di Angie era come vedere una forma ridotta di questa Lega delle Nazioni, riunita sotto i grattacieli di Manhattan, ciascuno assegnato dal destino a un compito preciso e solo a quello. Metti che un coreano volesse fare il tabaccaio? Nemmeno per sogno, continuasse a vendere frutta e verdura, come i fratelli, i cugini, gli amici, i compaesani e gli amici dei compaesani.

E il mio compito, qual era? Non mi sentivo parte del gioco delle nazionalità: ero italiano e non italoamericano, per cominciare, ma soprattutto non mi sentivo un immigrato. Non mi pareva che ci fosse niente di permanente nella mia nuova vita. Non pensavo di certo che sarei rimasto a New York per sempre e nemmeno desideravo restarci a lungo: ci ero venuto per mettermi alla prova, per tentare un'avventura, ma l'Italia, i miei amici, le mie abitudini, mi mancavano tremendamente. Non avevo mai avuto ben chiaro in testa quanto tempo mi sarei fermato: sapevo solo di avere un biglietto di ritorno aperto per un anno. Se fosse andata male, sarei rientrato prima, ma un anno era il limite massimo che mi ero prefissato. Sembrava lunghissimo, un anno, più che sufficiente per imparare l'inglese e fare esperienza come giornalista, dopo di che sarei tornato a Bologna con la speranza, direi la fiducia, di ritrovare il mio lavoro di prima: le collaborazioni con le testate sportive, l'attività da "negro" dopo le partite di calcio e basket la domenica sera, e prima o poi, aiutato dall'esperienza americana, forse un giornale mi avrebbe assunto a tempo pieno. Chissà, magari la leggendaria "Gazzetta dello Sport": sarei diventato il titolare della pagina del basket, avrei seguito Olimpiadi e coppe europee, avrei girato l'Italia e il mondo stando sotto i canestri. Per anni, da ragazzo, non ero riuscito a immaginare un futuro più bello. Se invece in America mi fosse andata bene, come tutto sommato stava andando, cosa avrei fatto? Quanto mi sarei fermato?

Un lunedì mattina andai in redazione per battere al telex un paio di pezzi per la terza pagina, la pagina delle inchieste e della cultura. Per scriverli avevo impiegato tutta la domenica, l'unico giorno di riposo dell'agenzia. Salutai Cathy, dissi buongiorno a Carlo Radice, che rispose "salve" – il saluto che usava con tutti, in italiano per lo meno – restandosene seduto nella sua stanza dietro una pila di giornali con la porta socchiusa. Quando ebbi finito di armeggiare al telex, mi chiusi in archivio a sfogliare giornali e riviste. "E allora, come va?" La voce di Carlo mi fece sobbalzare. Entrò anche lui, posò sul tavolo un fascio di quotidiani e settimanali e cominciò a scartabellarli: ma avevo l'impressione che non fosse venuto in archivio soltanto per quello. Per rompere il ghiaccio, gli dissi che ero contentissimo, che il lavoro per la Giornali Associati mi piaceva, che era divertente scrivere ogni giorno di cose diverse: la Casa Bianca, l'economia, il cinema, i musical di Broadway, il jogging, i senzatetto, il mostro di Atlanta. "Sai, volevo dirti, a proposito di questo," mi interruppe Carlo, "che dovresti provare a scrivere qualcosa anche per l'Espresso'. Io non riesco a fare tutto da me, la politica e l'economia mi impegnano troppo. Ma resta un bello spazio da coprire: il costume, la società, gli spettacoli... Tu, per esempio, mi hai detto che vieni dal giornalismo sportivo, no? Perché non trovi un bel tema di sport per l'Espresso'? Fammi una proposta: io la sottopongo al caporedattore a Roma e, se lui è d'accordo, cominci."

Non potevo crederci. Queste cose succedevano solo nei film: nei film americani, per di più. Lui chiedeva a me di scrivere per l'"Espresso", invece di essere io casomai a pregarlo in ginocchio. Un'ipotesi puramente teorica, del resto: non avrei mai osato pregarlo, in ginocchio o meno, la distanza tra Carlo Radice, corrispondente dell'"Espresso", e il sottoscritto mi sembrava siderale. L'"Espresso" non era roba per me, me ne rendevo perfettamente conto. Finché si trattava di reimpastare il "New York Times" a beneficio dei giornaletti di provincia, forse potevo anche imbrogliarli circa le mie capacità. Me la cavavo scrivendo di Reagan, Medio Oriente, Usa-Urss, relazioni internazionali: tutti argomenti sui quali, prima di venire in America, non avevo mai letto non dico un libro, nemmeno una riga. Ma l'"Espresso" no, era un altro paio di maniche: occorreva una preparazione che sicuramente non possedevo. Carlo, però, sembrava non aver dubbi. Concluse il suo discorsetto dicendo: "Non perdere troppo tempo, fammi una proposta entro un paio di giorni".

Rimasi a leggere giornali e riviste in redazione fino a tardi, molto dopo che Carlo e Cathy se n'erano andati. Un pezzo sullo sport, suggeriva lui. Be', in effetti se c'era un argomento di cui sapevo qualcosa, era quello. Ne scrivevo sin da quando ero al liceo. Di basket qualcosa capivo, anche per averlo un po' giocato. E non c'era sport che non mi appassionasse. La sera, a casa, sfogliai tutti i miei ritagli, stendendoli per terra come tessere di un puzzle: notizie di basket americano professionistico, di sport universitario, football, baseball, hockey. Scandali per corruzione. Squalifiche per risse. Squalifiche per droga. Polemiche sui diritti televisivi che stavano cambiando la natura dello sport americano. Mi ricordai dell'unica volta che ero stato al Madison Square Garden, in autunno, accreditato da "Superbasket". I padroni di casa, i New York Knicks, non mi avevano dato un posto in tribuna stampa, tutta occupata dai giornalisti veri, bensì un biglietto qualsiasi, per il settore più economico e più distante dal campo di gioco. Ero rimasto colpito dal fatto che uno spettatore, due file davanti a me, a un certo punto si fosse acceso un piccolo joint di marijuana e se lo fosse fumato tranquillamente, passandolo ogni tanto alla sua ragazza, lasciando che l'odore acre dell'erba si spargesse tutto intorno come niente fosse. Poi mi venne in mente che a Thanksgiving, quando con Michele eravamo andati a mangiare il tacchino dai suoi conoscenti a nord di New York, il padrone di casa gli aveva detto che l'abbonamento al canale sportivo via cavo era la cosa più importante della sua vita. Ci rimuginai su, telefonai ad Angie spiegandole che avevo da fare e non potevo raggiungerla: avevo deciso di prepararmi per bene la proposta da fare a Carlo. Pian piano, l'idea che all'inizio mi era apparsa folle e insensata, cioè che io potessi scrivere sulle pagine dell'"Espresso", cominciava a sembrarmi non dico realizzabile ma almeno un sogno possibile. E i sogni a volte diventano realtà, almeno nelle favole. Scrissi e riscrissi la proposta, la limai perché non fosse troppo lunga, la lessi a voce alta da cima a fondo tre volte per impararla a memoria. Il mattino dopo, alle otto e mezzo, ero in ufficio. Alle nove arrivò Cathy con il caffè e una ciambella glassata. Alle dieci cominciai a scrivere un pezzo per la Giornali Associati. Alle undici arrivò Carlo, disse un generico "salve" e si chiuse nella sua stanza. Si sarà dimenticato?, pensai mentre battevo sui tasti del telex. Quando finii il mio articolo, la porta di Carlo era ancora chiusa. Dissi a Cathy che dovevo parlargli e lei mi incoraggiò a bussare: "Non temere: gli sei simpatico, me lo ripete sempre". Lo spacco strepitoso della sua gonna mi parve di buon auspicio. Bussai, Carlo mi disse di entrare e io gli annunciai che avevo un'idea da proporgli per il pezzo di sport per l'"Espresso". Temevo che mi guardasse come se fossi impazzito: ma di che diavolo stai parlando, mocciosо? Tu scrivere per l'"Espresso"? Tu avere idee per l'"Espresso"? Ma non scherziamo! Torna al tuo posto e non rompere.

Invece mi ascoltò con interesse e quando ebbi finito commentò: "Mi sembra un'ottima idea. Butta giù due righe per iscritto, così

non dimentico cosa hai detto, quando ne parlo al caporedattore".
Avevo con me gli appunti del mio discorso imparato a memoria: andai in archivio, li riscrissi a macchina tagliando e correggendo qui e là e glieli portai. Carlo mi diede la risposta il giorno seguente: il caporedattore aveva detto di sì. Senza cambiare una riga della mia proposta. Ebbi un capogiro. Vedevo il mio nome stampato su una pagina dell' "Espresso". Immaginavo di incontrare Giorgio Bocca nei corridoi della redazione, a Roma, Giorgio Bocca che mi dava una pacca sulle spalle: "Ehi, ragazzo, niente male quel tuo pezzo sullo sport americano. Me lo sono proprio bevuto". Pausa. "Come un grappino." E poi scoppiava a ridere. E con lui rideva tutta la redazione. E io con loro. Già, perché a quel punto ero diventato praticamente uno del gruppo. Possibile? Possibile che stesse succedendo? E che fosse così facile? "Per quando pensi... pensa... pensate..." Non sapevo mai se dare del tu o del lei a Carlo, e poiché lui non scioglieva il dubbio invitandomi a usare il tu, finivo per dargli un generico voi inteso come "voi dell'Espresso'": per cui la frase completa era da intendersi così, "per quando, voi dell'Espresso', pensate che debba essere pronto il pezzo?".

"Be', Paolo, il caporedattore, vorrebbe metterlo sul prossimo numero. Ha un buco da riempire e dice che questo sarebbe un argomento perfetto per spezzare. Ce la fai per domani?"

"Domani?" Oddio, no.

"Sì, domani."

"Domani, certo, perfetto, domani."

Credevo che la preparazione di un articolo per un settimanale, per un settimanale come l' "Espresso" per di più, fosse lunghissima. Mi aspettavo di avere a disposizione, se non settimane, sicuramente vari giorni da dedicare a ricerche, scritture, riscritture, riletture e correzioni. "Domani." Carlo aggiunse che doveva essere lungo sei-sette cartelle: quasi duecento righe. Per la Giornali Associati non ne avevo mai scritte tante. Praticamente un romanzo. Capii che mi aspettava un'altra notte in bianco, come quella del mio primo articolo, sulla mafia, per la Giornali Associati; e stavolta non dovevo scrivere per un'agenzia di quotidiani di provincia, ma per l' "Espresso", il leggendario "Espresso". Lungo la strada di casa comprai due lattine di Coca-Cola e un pacchetto di sigarette. Mi fermai a bere un caffè al bar di Bruce, che mi vide un po' agitato e mi chiese come andava. Gli risposi che probabilmente stavo per scrivere l'articolo più importante della mia vita. "Cerca di non essere nervoso," mi consigliò. "Pensa che è un articolo come tutti gli altri, sii te stesso." Promisi che lo avrei fatto, ma non ero sicuro di riuscirci: mi sentivo come uno che ha in mano il biglietto del primo premio di una lotteria miliardaria ed è terrorizzato di perderlo nel tragitto fino a casa, al punto che gli tremano le mani, sicché naturalmente alla fine lo perde. Rimuginai su una serie di luoghi comuni: "O la va o la spacca", "Certi treni passano una volta sola", "Ora o mai più", "Qui si parrà la tua nobilitate". Mi misi a sedere al mio tavolinetto pieghevole, ma mi rialzai quasi subito: mi ero ricordato che alle undici di sera si sarebbe fermato il riscaldamento. La mia precedente notte in bianco a scrivere per la Giornali Associati era stata in agosto, quando non c'erano problemi di freddo e la notte, anzi, offriva ristoro dalla calura. Ma adesso era escluso che potessi scrivere qualcosa di sensato nel gelo di quella stanza.

Raccolsi frettolosamente tutti i miei ritagli, infilai la macchina da scrivere nella custodia, telefonai ad Angie per avvertirla e presi il secondo taxi della mia vita newyorkese per raggiungere il prima possibile casa sua: dove il riscaldamento rimaneva in funzione tutta la notte. Venne ad aprirmi in vestaglia: per una volta, disse, voleva andare a letto presto. Ero determinato a darle solo un bacetto, ma lei mi attirò a sé. Era quasi maschile nella grinta che ci metteva. E, intorpidita dalla voglia di sonno, la trovavo ancora più sexy. Fare l'amore ebbe l'effetto consigliato da Bruce: mi rilassò. Spazzò via il nervosismo, i pensieri di gloria o di fallimento, o la va o la spacca. Scrissi come un razzo le sei-sette cartelle richieste. Ci misi dentro tutto quello che avevo letto, quello che avevo visto con i miei occhi, quello che sapevo. Inventai il nome dello spettatore che fumava marijuana due file davanti a me al Madison Square Garden, l'importante era che l'aveva fumata davvero. All'amico di famiglia di Michele attribuii un virgolettato sull'importanza dei canali di sport in tivù, citandolo col nome, non col cognome, e senza chiedergli il permesso: ma nessuno leggeva l'"Espresso", a North White Plains. Descrissi il torneo estivo di basket sul campetto della Quarta Strada. Usai un paio di commenti di Charlie Yelverton presi dall'intervista per "Superbasket", calcando la mano sull'ambientazione a Harlem. Poi riscrissi tutto da capo, cambiando qualcosa qui e là, ma era quasi il piacere di suonare per la seconda volta una sinfonia che ti era già venuta piuttosto bene. Finito. L'orologio segnava le tre e mezzo. Ero soddisfatto del mio lavoro. Andai davanti alla finestra, la socchiusi, fumai una sigaretta, guardai in strada. I colori della frutta sui banchetti del negozietto coreano erano abbaglianti: rosso, verde, giallo, risaltavano nella notte come un semaforo. Quella frutta era meravigliosamente viva. Poi mi sdraiai accanto ad Angie, la strinsi tra le braccia e mi addormentai di botto. Fu un sonno breve ma ristoratore. Alle sette balzai in piedi e dopo una doccia corsi a prendere il metrò. Feci colazione con un caffè e una ciambella glassata, insieme a Cathy, in ufficio. Carlo arrivò alle dieci, lesse il pezzo, diede la sua approvazione e mi disse di trasmetterlo col telex. Adesso dovevo solo aspettare. Mi concentrai sugli articoli per la Giornali Associati e cercai di non pensare ad altro.

Quella sera Angie mi chiese se sapevo giocare a biliardo. Risposi di sì, ma in realtà ero una schiappa. La seguii titubante in un bar del quartiere, bevemmo un paio di birre fumando al bancone in attesa che si liberasse il tavolo, e poi venne il nostro turno. Temevo di avere addosso gli occhi di tutti, ma nessuno faceva caso a noi. Angie era bravissima: mi liquidò una partita dopo l'altra. A dir la verità, ora che la conoscevo meglio, non era poi così timida e bisognosa di protezione come mi era apparsa la notte in cui l'avevo conosciuta all'inaugurazione della mostra di Larry. Alla quinta sconfitta consecutiva diedi segno di averne avuto abbastanza. "Va bene, andiamo a ballare? Conosco un posto qui vicino," propose allora lei. Era un altro bar, poco distante, sulla Terza Avenue e 87esima strada, il Red Blazer. Su una pedana c'era un'orchestrina che suonava musica swing, vecchi ballabili americani del tempo di guerra, il locale era buio, fitto di gente al bancone e tra i tavolini, con tanto fumo, tintinnio di bicchieri, brusio di fondo, e una piccola pista ancora più fitta di gente davanti all'orchestrina. Non avevo mai ballato niente del genere, ma in un modo o nell'altro andai dietro ad

Angie, cercando di imitare le giravolte perfette degli altri cavalieri. Le mie erano disastrose, il tasso alcolico però era tale, intorno, che nessuno se ne sarebbe accorto. Facemmo una pausa per mangiare un hamburger e poi tornammo a ballare. Quando uscimmo, era l'una del mattino. Un nugolo di fiocchi di neve, portati dal vento, mi sbatté in faccia. L'appartamento di Angie era a pochi isolati, ma durante il tragitto la neve crebbe rapidamente d'intensità e quando arrivammo da lei non si vedeva già più il cielo. Sbronzi di birra, ubriachi di musica, bagnati di neve, crollammo sul pavimento della cucina appena entrati e cominciammo a baciarci, stringerci, toccarci. Facemmo l'amore lì a terra e poi ci ficcammo a letto. Non ricordo come e quando mi addormentai, ma mi svegliai che albeggiava, con la testa fra i piedi di Angie e i miei piedi attorno alla sua. Avevo un'emicrania spaventosa: mi alzai, bevvi un bicchiere d'acqua, misi la testa sotto il rubinetto dell'acqua fredda e ce la lasciai a lungo. Poi me l'asciugai strofinandola lentamente, ripetutamente, con un asciugamano. Misi su l'acqua per il caffè, ne riempii una tazzona bollente e andai di nuovo alla finestra. C'era qualcosa di strano, ma non capivo bene cosa. Poi capii. La stranezza era il silenzio. Non passava un'auto, in strada. Continuava a nevicare fitto e il manto bianco aveva ricoperto tutto: le macchine parcheggiate, i banconi del fruttivendolo, la panchina alla fermata del bus, il marciapiede, la strada. C'era così tanta neve che pareva di stare in alta montagna. Pensai che non sarei potuto andare in ufficio. Poi pensai che New York paralizzata dalla neve sarebbe stato l'argomento del mio prossimo servizio per la Giornali Associati. Feci un risolino tra me e me: ormai vedevo tutto in funzione del giornalismo. Avrei voluto sogghignare come un vecchio reporter incallito, ma l'emicrania era troppo forte. Andai a mettermi sotto la doccia, sperando che lo scroscio d'acqua bollente poco alla volta mi lenisse il dolore. Ci vollero venti minuti, ma funzionò. Feci una collect call all'agenzia, scrissi a mano un articolo sulla grande nevicata ascoltando qualche notiziario e bollettino meteo alla radio (Angie, che nel frattempo si era alzata, mi aiutava prendendo appunti), poi lo dettai. Smise di nevicare solo nel tardo pomeriggio. Secondo la radio era la seconda più grande nevicata su New York degli ultimi cent'anni. La città era completamente bloccata: solo la metropolitana continuava a muoversi, nelle sue viscere, sotto terra. Qualcuno passava sugli sci da fondo in mezzo alla strada, bande di ragazzini che non erano potuti andare a scuola tiravano palle di neve e il silenzio ovattava tutto, come dentro un acquario. Uscimmo a goderci lo spettacolo, arrivando a piedi, tutti imbacuccati, fino a Central Park. Passò un uomo in groppa a un cavallo, un altro su un calesse. Entrammo nel parco e ci rotolammo nella neve come bambini.

Ci vollero due giorni per ripulire le strade e riparare i guasti provocati dalla bufera. New York, questo ormai lo avevo capito, era fatta così: estrema e violenta in tutto, anche nel clima. Quando faceva caldo, ti asfissiava. Quando pioveva, sembrava che si aprissero le cateratte del diluvio universale. Il gelo, con quel fottutissimo "wind chill factor", ti penetrava nelle ossa, per quanto ti vestissi pesante, tirassi su il bavero, mettessi sciarpa e berretto. E ora la nevicata aveva sepolto tutto come una valanga. Dalle parti di casa mia, sulla 50esima, i danni erano anche più visibili: finestre in frantumi, auto sfondate, mucchi di neve sporca ovunque che creavano dei camminamenti, delle trincee obbligate. Rabbrividii al pensiero di cosa doveva essere stata quella notte senza termosifone, in casa mia. Speravo che il gelo almeno avesse ucciso gli scarafaggi: ma quando a sorpresa, rientrando, accesi la luce in cucina, li vidi scorrazzare come al solito da un capo all'altro della stanza. Quelli non li avrebbe sterminati nemmeno la bomba atomica. Ritirai la posta dalla cassetta delle lettere, verificai che la neve non avesse sfondato il soffito e andai in redazione.

Ero appena entrato che Cathy mi gettò le braccia al collo e mi stampò un bacio sulla guancia con le sue labbra cariche di rossetto. Forse ha deciso di starci: ha capito che mi è sempre piaciuta, pensai. Ma non era per quello. Mi mise in mano una copia dell'"Espresso" già aperta alla pagina del mio articolo. Titolo: ABBIAMO VINTO TRE MORTI A UNO. Sommario: "I campi da gioco diventati terreno di guerra, nelle università si falsificano i diplomi per favorire i giovani campioni che vogliono fare sport, la tv spadroneggia con gli inserti pubblicitari. Droga, violenza e corruzione nello sport americano". E, un po' più giù, il mio nome. Il mio cognome. Sull' "Espresso". E sotto, cinque pagine di testo, con fotografie a colori sullo sport Usa e i suoi disastri, inclusa una bellissima di ragazze pompon impegnate in una coreografia prima di una partita di football americano. Mancavano pochi giorni a Natale, ma io avevo ricevuto il mio regalo in anticipo.

Carlo mi diede una pacca sulle spalle a titolo di incoraggiamento: "A Roma sono contenti, continua a fare proposte: devi pubblicare almeno un paio di articoli di società e costume al mese, e magari qualche volta potresti dare una mano a me con la politica". Cathy disse che la segreteria di redazione romana voleva i miei dati per i pagamenti. Giorgio Testi, il direttore della Giornali Associati, telefonò per congratularsi. Nei giorni successivi arrivarono un telegramma del mio amico Tommi, che diceva soltanto: "Ce l'hai fatta", e un altro di mia madre: "Ci sono cose che accadono ai nostri figli," scriveva, "che ci fanno cento volte più felici che se accadessero a noi". Con Angie, il giorno di Natale andammo a festeggiare con un brunch al caffè del Rockefeller Center, sormontato dall'abete di Natale più alto e più illuminato di tutta New York. Sotto l'albero c'era una pista di pattinaggio su cui volteggiavano leggiadri vecchi signori eleganti e belle ragazze in giacchino di pelliccia e minigonna. Gli altoparlanti diffondevano a tutto volume musica classica e canzoni natalizie: *Jingle Bells*, *Silent Night*, *White Christmas*. Ordinammo "eggs Benedict", uova con una salsina deliziosa chiamata benedettina, come i frati, e Bloody Mary, succo di pomodoro con vodka, una Maria Vergine alcolica. Ne ordinammo tre e quando ci alzammo eravamo piacevolmente sbronzi.

Per Capodanno, Angie promise una sorpresa. Quando alle undici passai a prenderla insieme a Michele, lei e la sua amica Ann scesero in strada, dove le aspettavamo, vestite come due ragazze degli anni venti. Angie aveva tacchi a spillo, trucco pesante, un vestito che le metteva in evidenza i fianchi rotondi e, come scoprii infilandoci sotto la mano, il reggicalze. Ci portarono sulla 53esima strada, soprannominata "Swing Street", in un localino di jazz chiamato Jimmy Ryan, un lungo corridoio rivestito di velluto rosso dove si mescolavano jazz, fumo, alcol e ballo. Dopo il brindisi di mezzanotte passammo al locale accanto, lo Sweet Basil, che faceva musica un po' più lenta e un po' meno ballabile. Non avevo mai visto Angie così sexy, così bella, così desiderabile: sulla sua carnagione color avorio, il rosso porpora delle labbra e il verde degli occhi risaltavano magnificamente. Mi stavo innamorando. Rientrando a casa rifeci un'altra scena ispirata a *Toro scatenato*, quando De Niro prende in braccio la moglie in abito da sposa: lei non era in abito da sposa, ma per la prima volta mi divertii a immaginare che potesse essere mia moglie.

Il primo dell'anno ci alzammo tardi e andammo a pranzo – o a cena, difficile dirlo – in un ristorantino francese che faceva prezzi molto modici, sulla Nona Avenue, vicino a casa mia. New York era deserta. Angie mi pareva silenziosa. Aveva dormito male? In effetti, non parlava mai molto, non faceva tante domande. Mi resi conto che spesso ero io a organizzare la conversazione. Ma forse erano tutte stupidaggini. Forse avevo solo paura di essere troppo felice. Così decisi che bisognava seguire la tradizione: quello che fai il primo dell'anno, lo fai tutto l'anno. Dopo mangiato, tornammo di filato sotto le coperte.

9.

DOVE AVEVA IMPARATO A BALLARE COSÌ?

Avevo ormai stabilito un tran tran: mi alzavo alle sei e tre quarti, correvo al candy store sotto casa, compravo il "New York Times", tornavo di sopra, scorrevo il giornale bevendo un caffè, poi chiamavo in collect call la Giornali Associati per comunicare qualche idea da scopiazzare dal "Times" o sentire se avevano suggerimenti e richieste per me. Quindi barba, doccia, un bacio ad Angie che dormiva ancora – e ti credo, spesso facevamo l'amore fino alle tre del mattino – e apriva appena un occhio. Uscivo, pigliavo la subway, scendevo alla fermata della 57esima strada, che percorrevo tutta di buona lena da est a ovest fino all'edificio in cui si trovava la redazione dell'"Espresso". Se avevo fame prendevo un caffè e un doughnut nel bar a piano terra, poi salivo all'ottavo piano, entravo per primo con la mia chiave, tiravo dentro il pacco dei giornali, prendevo una copia del "New York Post", del "New York Daily News", del "Wall Street Journal" e del "Washington Post", oltre alla mia del "New York Times" che avevo portato con me, e mi mettevo a sfogliarli con calma sorseggiando il secondo caffè della giornata. Verso le nove e mezzo arrivava Cathy e facevamo due chiacchiere. Stava per sposarsi ed era molto eccitata: certe volte la trovavo buffa e certe altre più che scopabile, ma tanto la questione non si poneva, se la scopava un altro. Verso le dieci iniziavo a scrivere, poi battevo il mio servizio – a volte più di uno – sul telex e lo trasmettevo a Roma. Nel frattempo era arrivato Carlo, a cui comunicavo qualche proposta per l'"Espresso", se ne avevo, o da cui ricevevo istruzioni, se ne aveva lui per me. All'ora di pranzo scendevo a prendere un sandwich e un succo di frutta, quindi mi rimettevo a lavorare su altri servizi non di giornata per la Giornali Associati – inchieste, reportage, interviste. Ogni tanto c'era una conferenza stampa, un evento da seguire di persona, come pochi giorni dopo Capodanno, quando ero stato al Madison Square Garden per scrivere del torneo Master di tennis ed ero riuscito non solo a vedere in campo i più grandi campioni del momento, ma anche ad avvicinarli dopo le partite, negli spogliatoi. Scambiai due chiacchiere con Björn Borg, proprio due di numero, e fui soprattutto io a parlare, perché era così taciturno che non emise più di un paio di grugniti. Ebbi una conversazione appena un po' più calorosa con la sua nemesi, John McEnroe. Fece lui la prima domanda, a bruciapelo: "Do you like tennis?". Risposi di sì, pensando che fosse una domanda strana da fare a un cronista mandato a seguire un torneo di tennis, e comunque le domande avrei dovuto farle io. Ma l'intervista al contrario non era terminata. Mac mi chiese da quanto tempo seguivo il tennis e cominciai a capire, dalla domanda e dal tono, che gli sembravo una specie di abusivo nel circo della racchetta: qualcosa non gli tornava, probabilmente pensava che ero un intruso in un ambiente che non conoscevo e di cui non ero autorizzato a far parte – e in effetti era proprio così, mi sentivo abusivo, inappropriato, io per primo, nella nuova veste di corrispondente da New York. Tuttavia il suo tono mi irritava e mi diede la prontezza di spirito per rispondergli che alcuni anni prima, quando lui era troppo giovane e non ancora inserito nel circuito, il grande tennis aveva fatto tappa a Bologna, la mia città: il palazzo dello sport dove normalmente si giocavano le partite di basket era stato trasformato in un'arena di tennis e lì avevo visto all'opera due leggende, due grandi stelle, seppure sul viale del tramonto, Rod Laver e Ken Rosewall; oltre a incontrare, per quanto riguardava le mie ambizioni di giornalista sportivo, una stella ancora più grande, Gianni Clerici, numero uno del giornalismo tennistico italiano e per conto mio mondiale, uno che scriveva come Laver impugnava la racchetta, inviato del "Giorno", il quotidiano che compravo tutti i lunedì perché aveva la più formidabile squadra di giornalisti sportivi di tutti i tempi: Clerici per il tennis, Brera per il calcio, Fossati per il ciclismo, Grigoletti per la pallacanestro. Mac non capì quasi nulla del mio infervorato discorso, ma i nomi di Laver e Rosewall lo risvegliarono dal torpore di adolescente annoiato da tutto tranne che da se stesso, dopo di che accettò di rispondere un po' più seriamente alle mie domande. Dall'ufficio me ne andavo per ultimo, dopo Carlo e Cathy, nel tardo pomeriggio.

Passavo da casa mia sulla 50esima strada, controllavo la posta, mettevo un po' in ordine i ritagli del mio archivio, mi cambiavo la biancheria e passavo al piano di sotto a dare un salutino a Michele. Il mio amico, dopo uno stravagante incidente accaduto poco prima di Natale, non faceva più il commesso da Macy's. Un giorno un cliente, un distinto signore sulla sessantina, aveva acquistato due cravatte al suo bancone. Mentre, pagato il conto e ricevuta la merce, si apprestava ad andarsene, Michele gli aveva augurato buon Natale con uno squillante "Merry Christmas!". Il distinto signore lo aveva squadrato perplesso, senza rispondere.

"Merry Christmas," aveva ripetuto Michele, leggermente meno entusiasta.

"American Express?" aveva risposto, interdetto, il tizio.

"Merry Christmas!"

"American Express?"

"Merry Christmas!!"

"American Express??"

Il tono del cliente, da perplesso, era diventato palesemente irritato.

"Merry... Christmas," aveva tentato ancora una volta Michele, ormai dubbioso delle proprie parole.

"Si può sapere perché continua a dirmi 'American Express'?!" lo aveva apostrofato a quel punto, furibondo, il cliente.

"Ma io, mi scusi, volevo solo augurarle Merry Christmas," aveva obiettato Michele.

"Andate al diavolo, lei e l'American Express," si era imbufalito definitivamente quello, "ho pagato in contanti e non creda di potermi imbrogliare come un bambino. Protesterò con la direzione. Si vergogni."

La direzione non redarguì Michele: ma l'episodio era servito a dimostrargli due cose. Uno: quando si cerca di comunicare in una lingua che non è la nostra (sebbene lui l'inglese lo parlasse piuttosto bene) possono nascere gli equivoci più strani. Due: lavorare da Macy's, anche se gli assicurava vitto e alloggio, era tempo sprecato. C'era forse una terza lezione da trarre, aggiunsi io: che la sua pronuncia probabilmente non c'entrava niente, quell'uomo era pazzo da legare, o sordo come una campana, o entrambe le cose. In ogni modo, a volte i problemi sono come una manna scesa dal cielo: ti spingono verso decisioni che altrimenti non prenderesti. Riferii a Michele una notizia che avevo sentito in redazione, da Radice. L'"Espresso" aveva acquistato "Il Progresso Italoamericano", antico quotidiano in italiano per la comunità di immigrati in America. Carlo conosceva un paio di redattori, gli avevano detto che la nuova proprietà voleva rilanciare la testata, farne un giornale più moderno e vivace. Cercavano giovani in gamba da assumere. Io stesso ci avevo rimuginato su, ma andando al "Progresso" avrei dovuto rinunciare alla Giornali Associati e, cosa a cui tenevo ancora di più, all'"Espresso". Avrebbe potuto provarci Michele, però, se la cosa lo interessava. Due giorni più tardi telefonò alla redazione del "Progresso", fu convocato per un colloquio e assunto su due piedi. Scrivere su un giornale, a lui laureato in filosofia, piaceva decisamente di più che vendere cravatte. E avrebbe potuto augurare Buon Natale a tutti, senza rischio di equivoci.

Qualche volta, prima di lasciare casa mia e raggiungere Angie, aspettavo il tramonto, quei tramonti da levare il fiato che ci sono a New York: affacciato a una finestra, fumavo una sigaretta e guardavo il cielo tingersi di rosa, rosso, violetto. Provavo a immaginare cosa vedevano e pensavano gli indiani di Manhattan, da questo stesso punto, nascosti nella fitta boscaglia, quattro o cinquecento anni prima, guardando il cielo sopra l'Hudson: il tramonto di certo stupiva anche loro. In quei momenti pensavo a quanto mi piaceva New York: mi piacevano le sue avenues verticali e le sue streets orizzontali, così perfettamente geometriche, mi piacevano le luci dei grattacieli, le facce della subway, il caleidoscopio umano che riempie la metropolitana a tutte le ore del giorno e della notte, mi piacevano i colori delle case, mi piaceva quel ritmo indicibile che si sente scorrere nelle sue vene, mi piaceva il cielo così terso d'inverno da sembrare lucidato, mi piacevano le nubi sfilacciate sopra il New Jersey, mi piacevano i fiumi che circondano Manhattan con tutta quell'acqua, mi piaceva il fumo che esce dai comignoli e colora di pennacchi l'orizzonte come saprebbe fare solo il pennello di un pittore.

Erano i momenti in cui non chiedevo altro che respirare l'aria di New York, e camminarci dentro veloce guardandomi intorno. Duravano il tempo di fumare una sigaretta, però, queste riflessioni, poi mi rimettevo in moto per andare a casa di Angie. Per un po' avevamo dormito una notte da me e una da lei; poi sempre più spesso da lei, e infine smettemmo del tutto di dormire da me. Non solo perché Angie aveva un letto matrimoniale e, per quanto ci amassimo, dopo una notte in due in un letto a una piazza ci alzavamo con la schiena a pezzi; ma perché il riscaldamento funzionava tutta la notte, l'appartamento era più confortevole e il quartiere intorno più vivibile. Qualche volta, quando arrivavo, Angie preparava da mangiare e restavamo in casa; altrimenti andavamo fuori a scoprire la città, o anche solo a bere una birra, giocare a biliardo, vedere un film; oppure, se lei lavorava, passavo a prenderla al ristorante egiziano, dove a quel punto Mustafà, il proprietario, un arabo grassissimo – secondo me, un maledetto ipocrita, ma Angie, che lui si mangiava palesemente con gli occhi, lo trovava simpatico –, ci invitava a cena, in modo da potersi fermare ogni tre minuti al nostro tavolo a chiacchierare con lei. Lo trovavo insopportabile; ma facevo il più possibile finta di niente. In qualsiasi modo trascorressimo la serata, a un certo punto finivamo a letto. E lì, più la conoscevo, più scoprivo che Angie aveva un appetito insaziabile. Facevo del mio meglio per soddisfarlo, in ogni caso non ci si addormentava mai prima delle due o delle tre. E mentre lei poi poteva restare a poltrire sotto le coperte fino alla tarda mattinata, alle sei e tre quarti per me suonava la maledetta sveglia e ricominciava il tran tran. Dormivo poco, troppo poco. Era una routine inebriante ma faticosa. Di colpo, non avevo più un attimo di tempo, piacevolmente stritolato tra un lavoro e un amore che mi chiedevano – entrambi – sempre di più. Solo la domenica, quando la Giornali Associati era chiusa, il ritmo della mia vita newyorkese rallentava.

Un sabato sera, quando andai da lei, Angie mi fece trovare la porta aperta: mi gridò dal bagno che si stava cambiando e mi pregò di fare altrettanto. Appeso a una gruccia, in cucina, c'era un vestito, un gessato vecchio stile, con scarpe bianche e nere anni quaranta e una cravatta a pois. Pensai che volesse portarmi a una festa in maschera e stetti al gioco. C'era anche un sigaro, sul tavolo, che infilai nel taschino della giacca: rimirandomi nello specchio della camera da letto, pensai che non sembravo del tutto un deficiente, alla festa mascherata avrei fatto la mia figura come mafioso italoamericano. Quando Angie uscì dal bagno, truccata e vestita di tutto punto, rimasi folgorato. Sembrava una vamp, la pupa di un gangster. Le sue trasformazioni mi lasciavano sempre di stucco: l'aveva già fatto per Capodanno, ma quella sera l'effetto era ancora più stupefacente. Il gioco, evidentemente, le piaceva: lei era l'una e l'altra, la sbarazzina in jeans, giubbotto e scarpe da tennis che amava il biliardo e il baseball ma anche la seduttrice che faceva girare la testa agli uomini. "E dove andiamo, così vestiti?" domandai. "Da Roseland," rispose. "Ti piacerà, ne sono sicura." Non potevamo andarci in metrò, così conciati: prendemmo un taxi. Ci portò su Broadway all'angolo con la 53esima strada, non lontano dal topless bar davanti a cui avevo fatto volantinaggio tre sere alla settimana: una volta o l'altra devo tornare a trovare le mie vecchie amiche, pensai. Pensai anche che era ora di raccontare ad Angie la mia esperienza.

"Vedi quelle luci al neon?"

"Il topless bar?"

"Già."

"Sì, le vedo. Perché? Ci vuoi andare?"

"No, ci sono già stato. Voglio raccontarti..."

Ma non ne ebbi il tempo. Eravamo arrivati. Una folla di tutti i colori – bianchi, neri, portoricani – si accalcava all'ingresso. Le pareti erano interamente occupate da vetrine in cui erano esposte le scarpe, da uomo e da donna, dei famosi ballerini che avevano danzato in quel tempio. Era la sala da ballo più antica e famosa di New York, mi spiegò Angie, in realtà divisa in due enormi sale, una in cui si faceva musica salsa, latinoamericana, l'altra in cui si suonava lo swing, i ballabili americani anni quaranta. E nella sala dello swing quella sera c'era una superstar: Count Basie e la sua orchestra, uno dei maestri del jazz americano, insieme a due cantanti e trenta musicisti. Così stava scritto sulle locandine. Quattro bar, due ristoranti e, a completare la scena, due dozzine di venditrici di sigarette, che giravano il locale in minigonna, giarrettiera e tacchi a spillo. Musica, fumo, alcol, risate, ballerini formidabili, un parquet perfetto. Ci lanciammo sulla pista. Come la volta precedente nel piccolo jazz club, facevamo il contrario delle coppie esperte: lei, donna, conduceva; io, uomo, le andavo dietro. Non c'era scelta, perché Angie era bravissima e io un disastro. Lei ballava con brio, con gioia, con allegria; e i miei errori, i pestotti sui piedi, i capitomboli evitati di un soffio, le scivolate sul parquet, la divertivano ancora di più. Andava tutto a meraviglia: ogni tanto, a forza di fingere e seguire, riuscivo perfino a indovinare un paio di passi giusti. Mi domandavo dove avesse imparato, ma la musica era troppo forte per chiederglielo: e poi non volevo fare la figura del geloso. Sicuramente aveva avuto un cavaliere più bravo di me, con cui andava da Roseland, al Red Blazer e chissà in quali altri posti. Non le avevo fatto molte domande sul suo passato: uomini, lavori, città. Come lei non aveva fatto molte domande a me, quasi che non le interessasse, che le andasse bene com'ero, che preferisse comunque il presente.

Count Basie suonò come un leone per quasi un'ora, quindi ringraziò tutti, fece un inchino e annunciò una pausa. Ne approfittammo per andare a rifocillarci in uno dei ristoranti. Ordinammo sandwich al pastrami e birra. Al tavolo a fianco era seduta una coppia di mezza età. L'uomo attaccò immediatamente discorso con Angie: aveva capito dal suo accento che era italoamericana, e lo era anche lui. Le disse qualcosa e lei rispose che io ero un giornalista, un giornalista italiano. Allora lui venne a presentarsi, in piedi sull'attenti davanti a me: "Gerry Como, quarantasei anni, pugile," disse, più o meno in italiano. "I wanna make a comeback, kid," voglio prendermi la rivincita, ragazzo, continuò, in inglese, sostenendo che io, solo io, con un articolo, avrei potuto aiutarlo a tornare sul ring. Non la smetteva più. Angie mi prese per mano e mi trascinò via. "I could have been a contender," mi sussurrò facendo il verso a Marlon Brando, ex pugile suonato in *Un tram chiamato desiderio*, il film che avevamo guardato in tivù due sere prima, a casa sua. Avrei potuto essere un contendente, un aspirante al titolo, un grande: così diceva Brando nel film. Ma né il suo personaggio, né Gerry Como, avrebbero avuto un'altra chance dalla vita. Devi prenderla quanto arriva, pensai, se arriva. Valeva anche per me.

Tornammo a ballare. Fu una notte magica, ma mi aveva lasciato una domanda. Dove aveva imparato, Angie, a ballare così bene?

Glielo chiesi il mattino dopo. Rispose che era stata fidanzata per anni con un argentino: un ballerino formidabile, non solo di tango. Feci altre domande e scoprii che l'argentino aveva un altro hobby: la boxe. Ed era gelosissimo: "Ci siamo lasciati per questo, alla fine," disse, il che mi ferì per due motivi: avrei fatto meglio a tener nascosta la mia, di gelosia, se non volevo perderla; e lasciare un uomo perché è troppo geloso non significa necessariamente che lui non ti piace più. È solo che ti rende la vita difficile. Ti ama in modo eccessivo: tutto qui. Ma come avrebbe potuto, Angie, dimenticare un tipo così affascinante: ballerino, pugile, ossessivamente geloso? Il vero "Toro scatenato", il vero Robert De Niro, era lui, l'argentino, non certo io, con la ridicola scenetta in cucina in cui ripetevo le battute di Jake La Motta per farmela sedere sulle ginocchia. Forse avvertendo il mio disagio, Angie cambiò discorso. Mi chiese se mi sarebbe piaciuto prendere insieme a lei lezioni di ballo: "Tu non ne hai bisogno," risposi con una punta polemica, ma Angie sosteneva di sì; sarebbe stato "funny", aggiunse, buffo, divertente. Be', con me in pista, "funny" lo sarebbe stato di certo, per tutti gli altri allievi della scuola di ballo. Ci iscrivemmo e cominciammo a frequentarla, una volta alla settimana. Il maestro era un anziano cubano con i capelli impomatati che si muoveva con la grazia di un felino. Io finivo sempre a ballare con una vecchia cicciona dalle mani sudaticce, che si stringeva a me con un trasporto esagerato; mentre Angie faceva coppia fissa con un portoricano magro, piccolo, imbrillantinato e profumato dalla testa ai piedi. Ma aveva ragione lei, fu "funny" anche per me e oltretutto servì a qualcosa: non imparai a ballare, ma a fingere di saper ballare almeno sì.

Una domenica mi portò a pranzo da sua madre a Corona, il quartiere italoamericano del Queens in cui era nata e cresciuta. Angie doveva somigliare al suo defunto papà perché la madre era completamente diversa: fisicamente segaligna, spiritualmente acida. Non valeva granché nemmeno come cuoca, e dire che non ero l'unico ospite di quella giornata festiva: c'erano anche i tre fratelli di Angie. Tony, Jack e Bill, grossi come armadi, tutti vestiti allo stesso modo, giacche di pelle nera e jeans: mi riempirono di cameratesche manate sulle spalle, anche se leggevo nei loro occhi una certa delusione per il mio aspetto, non sufficientemente "italiano" secondo i loro criteri. Se si aspettavano che somigliassi a John Travolta nella *Febbre del sabato sera*, erano cascati male. Tony mi chiese se ero ebreo, notando che italiani ed ebrei nel quartiere – inteso come il suo quartiere, Corona, Queens – avevano sempre fatto comunella contro portoricani e neri, quando si trattava di menare le mani. Allargai le braccia, insistendo che ero italiano, e cattolico per di più. La conversazione si spostò dalla religione allo sport. Angie e i suoi fratelli discussero le chances dei New York Yankees, la locale squadra di baseball, di cui erano accaniti tifosi, per la stagione seguente. "And you?" domandò Bill. Voleva sapere per chi tifavo. "Io per i New York Knicks," risposi, sperando di guadagnare punti, visto che citavo la locale squadra di basket, segno che me ne intendevo, almeno un po', dello sport del loro paese. Già mi preparavo a raccontare la mia serata al Madison Square Garden, fonte d'ispirazione del mio articolo per l'"Espresso"; e poi avrei calato l'asso, il pranzo con Charlie Yelverton a Spanish Harlem. Lo avrei colorito un po', per sottolineare il coraggio che avevo avuto a cacciarmi, io unico bianco, in quella bettola frequentata da avanzi di galera, tutti neri: l'arguzia con cui avevo respinto le loro ingenue sfide per vedere chi era più forte a braccio di ferro mi avrebbe sicuramente messo in buona luce agli occhi dei fratelli di Angie. "Pfui," sbottò Bill prima che potessi iniziare il mio epico racconto, "il basket è uno sport per deficienti che corrono avanti e indietro saltando come scimmie. Non a caso lo giocano solo i negri." E con questo chiuse l'argomento.

Avrei voluto ribattere che, tanto per cominciare, non lo giocavano "solo i negri": lo giocavo, o meglio lo avevo giocato, pure io, anche se non saltavo come una scimmia. "Non farci caso," mi disse Angie in un orecchio, "non ce l'hanno con te, anzi, si vede che gli sei simpatico... ma sono fatti così." Non ne ero completamente convinto, però quei tre sembravano contenti che la sorellina avesse trovato un fidanzato italiano: magari non somigliante al John Travolta della *Febbre del sabato sera*, ma pur sempre meglio di un argentino o, Dio ne scampi, di un giocatore di basket nero. Tornando verso Manhattan in metrò, Angie si appoggiò a me e si appisolò: la carrozza era semideserta, lei aveva bevuto molto vino, era stanca e un po' brilla. Vista così sembrava piccola, indifesa e bisognosa di protezione come mi era parsa la prima volta. In realtà, più passava il tempo, più mi sembrava che Angie sapesse benissimo proteggersi da sola; e, dopo aver conosciuto i suoi fratelli, riflettei che quello che avrebbe avuto bisogno di protezione, se si fosse comportato male con lei, casomai ero io. Per esempio, se mi fossi azzardato a portarla a una partita di basket.

Il direttore chiamò la settimana seguente con una notizia sensazionale: un aumento di stipendio. Da cinquecento a settecento, forse anche – "mi voglio rovinare" – settecentocinquanta dollari al mese. Fissi. Tutti i mesi. Io non avrei mai osato chiedergli un aumento, aspettavo fiducioso che mantenesse le sue promesse: "se son rose fioriranno", "continua così e vedrai", "prima o poi faremo un contrattino", "un giorno, magari, chissà, non si può neanche escludere una vera assunzione a tempo pieno". Non che navigassi nell'oro. Ma da quando avevo cominciato a scrivere anche per l'"Espresso" – un paio di articoli al mese, ai quali potevo aggiungere quelli che avevo il tempo di scrivere di tanto in tanto per "Superbasket" e il "Corriere del Ticino" – arrivavo a guadagnare ottocento, e a volte perfino un migliaio di dollari al mese. Mi sentivo ricco, rispetto ai miei bisogni, al mio tenore di vita, ai miei inizi. In più, da quando stavo con Angie la cena era spesso assicurata, preparata da lei in casa o offerta dal suo odioso ristoratore egiziano. Insomma, ormai sarei sopravvissuto, anche senza l'aumento. Fu Cathy, quando le confidai la fortuna che mi era capitata, a spiegarmi cosa era successo. Carlo Radice aveva parlato al telefono col direttore della Giornali Associati concordando di scrivere di quando in quando un editoriale per l'agenzia; poi il discorso era caduto su di me. Carlo aveva detto al direttore che ero un bravo ragazzo e che all'"Espresso" erano molto contenti della mia collaborazione. "Secondo me, gli è venuta paura di perderti, alla Giornali Associati," disse Cathy, "perciò ti hanno dato l'aumento." Perdere me? Qualcuno aveva paura di perdere *me*? Mi pareva impossibile. E solo per quel motivo, dopo che avevo dovuto rubacchiare nei supermercati e da Macy's, solo per quello mi davano di punto in bianco duecento, anzi, no, "mi voglio rovinare", duecentocinquanta dollari in più al mese? Funzionava così nei giornali, nel mondo del lavoro, nella vita vera? Il merito, il talento, c'entravano poco, fino al momento in cui non se ne accorgeva qualcun altro e pensava di portarti via? Mi sembrava incredibile, soprattutto perché, nonostante il generoso commento di Carlo nei miei confronti, era assolutamente impossibile che l'"Espresso" volesse "portarmi via", strapparmi alla Giornali Associati – di cui era peraltro proprietario. In ogni modo, l'aumento fu benvenuto.

Voleva dire che ogni mese, pagati i duecentocinquanta dollari dell'affitto, me ne restavano ben cinquecento in tasca, senza contare i guadagni per la collaborazione con l'"Espresso" e con gli altri giornali. Abbastanza non solo per tirare avanti, ma per un cinema, una birra e un biliardo, un ristorantino di Chinatown. La promozione, perché di questo si trattava, meritava qualcosa di speciale, e Angie me ne diede l'occasione.

Un'amica le prestava la macchina per il weekend. Mi propose di fare una gita, dove volevo io. Partendo il venerdì all'ora di pranzo, saremmo potuti stare via quasi tre giorni. L'auto era una vecchia Ford Mustang, coperta di ruggine, con i sedili bucherellati da bruciature di sigarette, ma le ruote giravano e la radio funzionava. Attraversammo il Lincoln Tunnel ed entrammo in New Jersey. Alternandoci alla guida, fumando sigarette e bevendo birra e ascoltando musica, viaggiammo ininterrottamente tutto il pomeriggio, fermandoci solo a fare benzina o per uno spuntino. Giù, lungo la costa del New Jersey, attraverso la Pennsylvania, fino al Maryland, dove a sera deviammo verso l'oceano Atlantico in cerca di un posto in cui dormire. Non avevamo un itinerario preciso, per noi un posto valeva l'altro: ci piacque il nome di un villaggio, Point Lookout, nella baia di Chesapeake, e ci fermammo lì. In effetti guardava fuori, come diceva il suo nome, verso il mare, in tutte le direzioni. Trovammo una locanda di legno di inizio secolo dove si mangiava una divina zuppa di fagioli, patate, verdura e succulenti pezzi di prosciutto, talmente salati che ti veniva voglia di bere una birra dietro l'altra. E non si spendeva quasi niente. In una specie di baracca sul retro avevano un paio di camere, ce ne diedero una con bagno per dieci dollari. Il materasso era duro, il piumone morbido, facemmo l'amore e dormimmo come ghiri.

Il mattino del sabato andammo a vedere la spiaggia: dall'oceano tirava un vento pazzesco, che dava al cielo una luminosità incredibile. Faceva troppo freddo per passeggiare più di cinque minuti. Risalimmo in macchina e proseguimmo in direzione di

Washington. Andammo a fotografarci davanti alla Casa Bianca, che mi parve molto più piccola e modesta di come l'avevo immaginata e di come sembrava in tivù: possibile che vivesse lì dentro, l'uomo più potente della terra? Poi di nuovo in marcia, fino a Filadelfia, dove cenammo e passammo la notte. Feci un sogno in inglese, quella notte: era la prima volta che mi capitava. Quando lo dissi ad Angie, al risveglio, mi chiese di darle lezioni di italiano: voleva sognare in un'altra lingua anche lei. Eh sì, il mio inglese poco per volta era migliorato: ora mi lanciavo con foga in complicati discorsi. Non sempre Angie capiva, ma ci provavo lo stesso, senza remore. Non era più la barriera della lingua a determinare se parlavo o tacevo. E quanto parlammo, in viaggio. Sulla strada del ritorno a New York fecemmo una lunga discussione di politica, ispirata dalla visita alla Casa Bianca. Cercai di dimostrarle perché il capitalismo va condannato, in quanto sfrutta il lavoratore fino a farne uno schiavo, mentre il padrone si arricchisce. Erano i discorsi che sentivo sempre all'università, a Bologna, li conoscevo a memoria. Angie disse che detestava Ronald Reagan, ma che per lei democratici o repubblicani erano la stessa cosa, tutti imbroglioni e corrotti che fregavano la gente comune. Io andai avanti, esponendo la teoria del plusvalore di Marx, senza peraltro riuscirci fino in fondo: non l'avevo mai capita completamente e spiegarla in inglese era ancora più complicato. Comunque conclusi che i lavoratori, quando hanno potuto ribellarsi, come in Russia, hanno fatto la rivoluzione, nel tentativo di creare un nuovo tipo di società. Angie osservò che non le sembrava molto buono, il risultato della Rivoluzione d'ottobre. Non le piaceva il comunismo: il modo in cui la Rivoluzione bolscevica del 1917 aveva cancellato tutto in Russia, storia, costumi, tradizioni, non la convinceva. Non potevo darle torto. Anzi, mi sentivo di darle ragione: anch'io avevo sempre preferito la Russia di Tolstoj e Dostoevskij a quella di Lenin e Stalin, anche se non mi ero mai azzardato a dirlo alle assemblee del movimento, quando ero studente. Per metter fine alla discussione, ripetei quello che mi diceva sempre Michele, che in quanto laureato in filosofia aveva le idee più chiare di me sulle grandi questioni teoriche dell'umanità: "C'è una gran crisi in tutto l'Occidente, e sono andate in crisi anche le etichette che abbiamo usato nella nostra gioventù: 'rivoluzione', 'compagno', 'comunismo'". Angie, che quelle etichette non le aveva mai usate, pareva senz'altro d'accordo. Da quando avevo incontrato Angie, trascuravo il mio amico Michele. Passavo ogni tanto a salutarlo, gli telefonavo per metterlo al corrente di quel che facevo io e aggiornarmi su cosa faceva lui, ma non avevamo più trascorso una giornata o una sera insieme. La gita in auto con Angie mi aveva ricordato l'uscita da New York che avevamo fatto io e lui per andare a prendere i mobili dall'amico di suo padre, il Giorno del Ringraziamento: come eravamo stati bene. Sentii improvvisamente la sua mancanza. Lo chiamai e decidemmo di combinare una cena.

Andammo in un ristorantino di Soho, tra gallerie d'arte e loft di pittori, dove si mangiava italiano spendendo poco. Era molto grazioso: anche troppo veramente, arredato come una bomboniera, in modo ridicolo. Notammo che c'erano varie coppie di omosessuali: tutta l'area di downtown, a partire dal West Village, nei pressi di casa di Bruno, era loro territorio. Impossibile non riconoscerli, con la barba rasata e ri-rasata fino a dare al volto un pallore mortale – mi domandavo se la facevano due o tre volte al giorno –, i baffetti ben curati, non un pelo fuori posto, camicie e magliette attillate, jeans aderentissimi per mettere in evidenza il sedere. Era come un'uniforme: tutto il Village pullulava di uomini così, con la variante dei "macho men" dai bicipiti muscolosi e i pantaloni di pelle nera. Volevano farsi riconoscere, e ci riuscivano alla perfezione. "Chi lo sa perché così tanti gay si fanno crescere i baffi," disse Michele, sottovoce, nel caso qualcuno capisse l'italiano. "Magari gli fanno un piacevole solletico durante i bocchini," risposi io, e scoppiammo a ridere. Dopo un po', due gay vennero a sedersi proprio al tavolo a fianco al nostro. Ogni tanto ci lanciavano certi sguardi maliziosi, interrogativi, e al tempo stesso un po' da cani bastonati, in cerca di un riconoscimento. Noi due cominciavamo a sentirci in lieve imbarazzo. Due uomini soli al ristorante, a New York, venivano inevitabilmente scambiati per gay, specie se il ristorante era grazioso come quello scelto da noi due. Passi se due businessmen si incontrano per una colazione di lavoro, entrambi in giacca e cravatta, col nodo allentato, preferibilmente in una virile bisteccheria. Passi se operai e carpentieri siedono tutti insieme in un lurido coffe-shop. Ma nei ristorantini carini, intimi, romantici, due uomini soli, in pullover e jeans, possono andarci solo se sono gay. Queste erano le regole, convenimmo divertiti.

Raccontai a Michele che di recente avevo scritto per la Giornali Associati un articolo su uno spiritoso libretto intitolato *Real men don't eat quiche*, il cui tema era cosa possono e non possono mangiare i cosiddetti "veri uomini", se vogliono essere riconosciuti e considerati tali. La quiche, ovviamente non figurava nell'elenco, essendo un piatto troppo lezioso, troppo effeminato, per un rude maschiaccio.

Lo guardai dritto negli occhi: "La prossima volta che veniamo in un ristorante come questo, prima di entrare, mi raccomando, facce dure, sguardo maschio, aria un po' incazzata e guai a sfiorarsi, anche solo per caso".

"Soprattutto," stette al gioco lui, "niente risolini: i veri uomini non ridono a quel modo, come stai facendo tu, in generale non ridono affatto, e se proprio devono lo fanno in modo maschio, sguaiato, sardonico, anche un po' cattivo."

Non ridevamo dei gay, naturalmente, ma delle assurde convenzioni di New York e dell'America. Gli sfiorai intenzionalmente la mano: "Basta, caro, non resisto: gettiamo la maschera, proclamiamo a tutti quanto ci amiamo, facciamola finita con questa commedia".

Fu una bella rimpatriata, e mi fece bene: ne avevo bisogno. Però, al momento di prendere la subway, fui colto dall'incertezza: andare a dormire sulla 50esima, con Michele, come avevo programmato, o raggiungere Angie? E se lei avesse approfittato della mia assenza per uscire con qualcun altro: magari con l'egiziano del ristorante?! Ero pazzo, me ne rendevo conto, per cui andai a dormire a casa mia, facendo la strada con Michele, al quale, nonostante la confidenza che c'era tra noi, non riuscii a confessare il mio folle sospetto. La sera dopo, quando rividi Angie, le chiesi con finta noncuranza come avesse trascorso la sua serata di libertà. "Ho lavorato e sono filata a casa a farmi una bella dormita, così stasera sarò più in forze per te," rispose, e mi piacque quello che disse. Era fatta così: sincera, semplice e diretta. Erano queste le ragioni per cui mi piaceva, oltre al fatto, naturalmente, di essere fantastica a letto. Ma avevo le idee più confuse sui motivi per i quali io piacevo a lei. Per quanto il mio inglese fosse progredito, non l'affascinavo certo con la mia parlantina. Né potevo aver fatto colpo con i miei articoletti, che lei non leggeva perché non sapeva l'italiano. Era stata la mia bellezza, allora, oppure la mia incredibile bravura a letto? Mah, mi veniva l'idea, certe volte, che le sarei andato bene comunque, anche se fossi stato diverso, anche se fossi stato... un altro!

Quella domenica la temperatura si era alzata di colpo: c'eravamo svegliati presto, c'era il sole, e facemmo una passeggiata fino a Central Park. Passammo davanti al Guggenheim Museum: ero affascinato da quella costruzione avvitata su se stessa. Non lo avevo mai visitato prima e proposi ad Angie di andarci. La collezione d'arte moderna era magnifica: mi innamorai di un quadro di Picasso, una reinterpretazione del *Moulin de La Galette* di Renoir dipinto nel 1900, quando il grande artista spagnolo non era ancora passato all'astrattismo. Guardandolo da qualche passo di distanza, sembrava di essere proprio lì, a Montmartre, di essere io a cingere i fianchi di una di quelle leggiadre ballerine. Mi fecero pensare ad altre ballerine, un po' meno leggiadre: quelle del mio topless bar. Chissà che fine avevano fatto? Chissà chi andava a bere una birra al bancone verso mezzanotte, ora, dopo aver distribuito il pacco di volantini? Tenni per me questo interrogativo e comprai una cartolina con la riproduzione del quadro nel negozio del museo, per appendermela in camera. Dissi ad Angie che il nostro scrittore preferito, Henry Miller, sosteneva che bisogna visitare i musei a stomaco vuoto, per comprendere meglio la sofferenza dell'artista. "Giusto," rispose lei pronta, "ma adesso che l'abbiamo compresa, la sofferenza dell'artista, cosa ne diresti di andare a mangiare un boccone? L'ora di pranzo è passata da un pezzo."

Sempre spiritosa, il mio amore. Ma io volevo continuare a parlare di Miller. Quando avevo conosciuto Angie, mi aveva sorpreso che le piacesse tanto uno scrittore così maschile, così assetato di sesso, lei con quell'aria da educanda. Avevo poi scoperto che la mia impressione di lei era totalmente sbagliata, di sesso – come di biliardo – ne sapeva più di me, ma non le avevo mai chiesto perché, esattamente, le piacesse Henry Miller. "Mi piace come scrive, mi piace il suo stile," rispose Angie. Indicò con un gesto il parco alle sue spalle. "E mi piace anche per un'altra ragione. C'è stato un periodo della mia vita in cui mi sono identificata con lui. Non l'ho mai raccontato a nessuno. Certi giorni mi svegliavo così arrapata che venivo qui, a Central Park, attaccavo discorso con un uomo, e me lo portavo a letto. Poi magari non lo vedevo mai più. Leggendo Miller, mi sembrava che la sua fame di sesso fosse simile alla mia. Tu che ne pensi?" Che ne pensavo? "Absolutely," risposi, una parola che avevo imparato da poco. Voleva dire "assolutamente", in genere nel senso di "assolutamente sì, sono d'accordo in pieno con quello che stai dicendo". Ma io, in quel frangente, la intendevo come "assolutamente no, non sono d'accordo per niente": una donna non dovrebbe avere certi comportamenti. Specie se è la *mia* donna. E, se li ha avuti, spero che non li abbia più. Non avevo davvero capito niente di Angie. Il suo fidanzato argentino era il vero Jake La Motta e lei era il vero Henry Miller!

Temevo che dopo una simile conversazione il nostro brunch a base di uova alla Benedict – il mio modo di santificare la domenica – mi sarebbe rimasto sullo stomaco. Ma Angie sapeva come farmi passare i cattivi pensieri. Appena entrati in casa mi abbracciò da dietro, mi diede un bacio appassionato: di nuovo in calore, la mia gattina, come ai tempi in cui andava a caccia di uomini a Central Park? "Una sigaretta?" propose invece, e ci mettemmo alla finestra, come tante altre volte, a fumare. Era una splendida giornata di marzo. Lei si strinse a me con dolcezza. "Voglio portarti a vedere una partita allo Yankee Stadium," disse. E va bene, pensai, non ancora del tutto rabbonito, andremo a vedere il baseball, specie se viene anche tuo fratello Bill, sarà senz'altro meglio che sorbirsi una partita a basket tra sporchi scimmioni negri. Sui gradini d'ingresso, dall'altra parte della strada, gruppi di persone godevano il bel tempo e il riposo della domenica, fumando e chiacchierando, proprio come noi. A un tratto una musichetta struggente e malinconica risuonò nell'aria, annunciando l'arrivo del camioncino dei gelati, che venne a parcheggiare proprio sotto di noi: accorsero frotte di bambini, spintonandosi attorno al finestrino da cui il conducente, lasciato il volante, ora porgeva coni colmi di panna e cioccolato. Sentimmo qualcosa, una carezza che ci agguantava: un alito di vento tiepido, come se la primavera fosse entrata dalla finestra, insieme a quella musica, con il suo odore inconfondibile. Ci guardammo emozionati, perché l'avevamo sentita tutti e due nello stesso momento: e restammo così, abbracciati, con i piedi penzoloni dalle scale antincendio, senza più dire una parola.

10.

MA CHISSÀ DOVE ANDAVANO, POI?

Quel pomeriggio ero venuto via dall'ufficio più presto del solito: la notte prima con Angie avevamo fatto tardi, bevendo, fumando, scopando – era stato un incubo svegliarsi alle sei e tre quarti del mattino e ora avevo un'emicrania terribile. Appena finito di scrivere il mio articoletto per la Giornali Associati, corsi a casa mia, sulla 50esima strada, e mi cacciai a letto. Ma, come spesso accade quando potresti dormire, il sonno non veniva. Mi giravo e mi rigiravo, senza riuscire ad addormentarmi. Per cominciare, c'era troppa luce. Gli americani non usano persiane, tapparelle, imposte: dormono con la stanza invasa di luce. Non mi ci ero mai abituato, ma un po' per pigrizia, un po' per la mia totale incapacità nel fai-da-te, un po' per risparmiare, non avevo pensato di acquistare almeno una tenda. A casa di Angie c'erano delle vecchie persiane a soffietto, che il precedente inquilino aveva inchiodato nel muro; ma lei, come me, preferiva l'oscurità alla luce accecante, e con le mani, a differenza di me, sapeva far tutto, non solo a letto. Perciò aveva schiodato le persiane, le aveva riverniciate e rese funzionanti. Anche per questo preferivo passare la notte da Angie. Il pisolino, mi convinsi, non sarei riuscito a farlo. Avevo comunque bisogno di riposo, così presi due aspirine, misi un fazzoletto bagnato sulla fronte e mi stesi sul divano a guardare la tivù, tenuta a volume basso. Forse così mi sarei finalmente addormentato. Davano una sit-com, una di quelle stupide commediole americane in cui si sente il pubblico ridere alle battute da quattro soldi degli autori, come per suggerire agli spettatori, nelle loro case, che quella battuta fa veramente ridere ed è il momento di sganasciarsi. Dopo un po' sentii le palpebre appesantirsi, effetto delle aspirine, forse, o del tasso di stupidità del programma: e mi assopii. Non so per quanto restai così appisolato. So che a un certo punto, riaprendo gli occhi a mezz'asta, vidi che il programma era cambiato: sembrava una specie di thriller, perché il mio piccolo schermo in bianco e nero, posato su uno sgabello, adesso era pieno di poliziotti con le pistole in pugno. Gli occhi mi si richiusero, ma in quell'istante suonò il telefono: era la segretaria di Giorgio Testi, da Roma. Strano orario, pensai: a quell'ora, di norma, il direttore avrebbe dovuto essere a cena. "Ma dove sei?" urlò non appena biascicai "pronto", "lo sai che hanno sparato al presidente Reagan?!" Mentre lo ascoltavo, con gli occhi sempre più spalancati, fissai lo schermo e mi resi conto che quelle scene al rallentatore non erano un film poliziesco: si vedeva Reagan che usciva dalla porta di servizio di un albergo di Washington circondato dalle guardie del corpo, arrivava fino alla limousine blindata, faceva un gesto come per salutare, poi aggrottava le sopracciglia come se avesse sentito o visto qualcosa che non gli piaceva, e si accasciava con una smorfia di dolore, mentre gli agenti balzavano addosso a un tizio al centro della scena – quello, evidentemente, che aveva fatto fuoco. Le immagini, commentate da uno speaker, andavano in onda a ciclo continuo, presumibilmente da un pezzo. "Tutti i giornali fanno edizione straordinaria, siamo ancora in tempo, voglio un primo pezzo subito, con la cronaca secca dell'attentato e di Reagan in ospedale, e poi uno sull'America sconvolta che prega per il suo presidente!" urlò il direttore nella cornetta, e riattaccò senza darmi il tempo di dire niente. Ma in effetti non c'era molto da dire. Il presidente degli Stati Uniti assassinato: come Kennedy. Non poteva esserci una storia più grossa di questa. No, un momento: il direttore aveva detto che voleva la cronaca dell'attentato, non dell'assassinio, e aveva aggiunto "Reagan in ospedale". Allora il presidente non era morto; forse era solo ferito. Era comunque una storia grossa, la più grossa che poteva capitarmi. Rimasi davanti alla tivù e cominciai a prendere appunti, cercando di capire cosa diavolo stava dicendo esattamente lo speaker.

C'erano voluti mesi per comprendere la tivù. Quando parlavo faccia a faccia con qualcuno, era decisamente più facile: potevo chiedergli di ripetere, la mimica aiutava la comprensione, c'erano delle pause nel discorso che mi davano il tempo di riflettere. La voce fuori campo dello speaker, in tivù, invece era micidiale. All'inizio mi sembrava la voce di Paperino nei cartoni animati: bla-bla-bla, suoni onomatopeici privi di significato. Poi, in mezzo a quei "wuaganasckafatwway" cominciai a riconoscere qualcosa qui e là: un sostantivo, un aggettivo, un verbo. Il giorno in cui compresi un'intera frase fu come essere stato miracolato. Com'era possibile? Dov'era il trucco? Ricordavo benissimo che quella stessa frase, magari "e adesso le previsioni del tempo", fino a due giorni prima mi suonava come un ammasso di sillabe totalmente incomprensibile, "nauuegaddauederfoca". Ed ecco, come una magia sulla Torre di Babele, di colpo, diventava chiara e comprensibile: "e adesso le previsioni del tempo". Dio mio, com'ero stato contento. Però capitava ancora spessissimo che capissi soltanto metà di una frase; o, molto peggio, che capissi una cosa per un'altra. Per quanti progressi avessi fatto, soprattutto grazie all'allenamento quotidiano con Angie, usavo ancora, specie al telefono, la tecnica di difesa antiequivoci sperimentata con Cynthia Ortiz, la cronista del "New York Post" a cui ero andato a chiedere informazioni sul mafioso John Gambino per il mio primo articolo: ottenuta risposta a una domanda, ripetevo all'interlocutore quello che pensavo mi avesse detto. Ne nascevano conversazioni surreali.

Io: "Nella bolletta telefonica che mi avete mandato, ci sono telefonate che non ho fatto".

L'impiegato: "Dev'esserci un errore".

Io: "Ha detto che ho fatto uno sbaglio?".

L'impiegato: "No, ho detto che potrebbe esserci un errore nella bolletta. Ci scriva una lettera contestando le telefonate che non ha fatto".

Io: "Ha detto che mi rimanderete la bolletta per posta?".

L'impiegato: "No, cos'ha capito?, è lei che deve scriverci una lettera!".

Io: "Scusi potrebbe ripetere cosa ha detto?".

L'impiegato: "Guardi che è difficile comunicare con lei".

Io: "Ho detto che nella bolletta ci sono telefonate che non ho fatto".

E avanti così.

Senza agenzie, senza il "New York Times" o un altro giornale da leggere, non avevo in questa circostanza altra scelta che rischiare, sperando di non prendere fischi per fiaschi. Dovevo sbrigarmi, oltre tutto. L'edizione straordinaria non mi avrebbe aspettato per ore. Le dita correvano sui tasti. Mi parve di capire, e questa era la cosa più importante, che Reagan era effettivamente vivo, che uno o più agenti erano morti, che l'attentatore era stato catturato. Scrissi una sessantina di righe, poi chiamai in collect call la Giornali Associati e dettai il servizio. Tutte le reti televisive avevano interrotto la programmazione e continuavano a trasmettere la scena dell'attentato, più un diluvio di interviste, commenti, supposizioni, per cui avevo materiale anche per il secondo articolo richiesto dal direttore: più facile, anche se non capivo tutto quel che diceva la tv, perché si trattava di lavorare di fantasia più che di stare ai fatti. Il direttore mi aveva telefonato alle due, le otto di sera in Italia; alle quattro del pomeriggio, le dieci italiane, avevo finito di dettare anche il secondo servizio. Ero sempre stato veloce a scrivere, fin dai tempi della scuola, quando in classe ero sempre il primo a consegnare il tema; e fare il "negro" la domenica sera dopo le partite, a Bologna, quando dovevo riscrivere lo stesso pezzo tre o quattro volte con firme diverse il più rapidamente possibile, era stato un buon addestramento. Adesso che di nuovo scrivevo con tempi strettissimi da rispettare, se no i giornali non ce l'avrebbero fatta a mettere in pagina il mio articolo, mi domandai se scrivere veloce, per un giornalista, poteva essere più importante che scrivere bene o senza errori. Dettato il secondo articolo, la dimafonista mi passò il mio amico Maurizio, che mi disse di prepararmi a lavorare sodo il giorno dopo e di chiamare Roma in collect call già alle sei e mezzo del mattino, ora di New York, con qualche idea pronta per dei servizi. Commentai un po' con lui l'accaduto, per cercare di capire dalle sue parole se Reagan era effettivamente vivo e l'attentatore catturato, insomma se non avevo scritto delle cazzate colossali. Mi sembrò, da quello che diceva Maurizio, che le cose stessero appunto così. "Ho dovuto scrivere di fretta. Se c'è qualche errore correggi tu, per piacere," gli dissi prima di salutarlo. Lui rispose che aveva dato una rapida scorsa ai miei pezzi e gli sembrava che fossero a posto, per cui tirai un sospiro di sollievo.

Quando ricevemmo in redazione le prime copie dei giornali locali abbonati alla nostra agenzia, vidi che quelle mie righe frettolosamente messe insieme la sera dell'attentato, interpretando con sforzo il mistero dell'inglese televisivo, erano state prese maledettamente sul serio. Dalle Alpi al Meridione, dalla "Gazzetta del Popolo" di Torino alla "Gazzetta del Mezzogiorno" di Bari, il mio articolo di cronaca partiva dalla prima pagina, con un titolo a nove colonne e il mio nome a caratteri cubitali. In terza pagina c'era il mio servizio sull'America spaesata e sconvolta, che pregava per la vita del presidente Reagan. A Livorno, Sassari, Padova, Modena, Trento e in chissà quante altre cittadine di provincia, qualcuno, appena sveglio, bevendo un cappuccino al bar, aveva letto le mie parole, grattandosi la testa, dicendosi: "Se va avanti così, chissà come finiremo", oppure: "Povero Reagan, come Kennedy", o altre banalità del genere, comunque suscitate dalle mie dita sulla macchina da scrivere. Non era passato molto tempo da quando ero arrivato negli Usa con il borsone dell'allenamento del basket e la Olivetti portatile, e ora scrivevo sul tentato assassinio del presidente degli Stati Uniti! Non ci potevo credere. Non potevo credere di essere preso sul serio da stimati professionisti del settore e da centinaia di migliaia di lettori. Io ero sempre quello di prima. Il ragazzo di provincia, che conosceva il basket, quello sì, che amava Henry Miller, Jack Kerouac e Charles Bukowski, ma non aveva mai studiato molto a scuola e sapeva poco di tutto. Possibile? A quanto pareva, sì, era possibile. Del resto, se avessi detto ai miei vecchi compagni di liceo che parlavo e capivo – va be', non sempre – l'inglese, non avrebbero creduto neanche a quello: ero il peggiore della classe, in inglese. La nostra insegnante aveva l'abitudine di consegnare i compiti corretti a partire dal voto più alto e io, nell'attesa che chiamasse il mio nome, riducevo gradualmente le aspettative: be', speriamo almeno un 6 stavolta, un 5 è quasi la sufficienza, e va bene, pazienza, sarà un 4, no, oddio neanche quello, sono rimasto solo io in tutta la classe, ho preso... 3! Era una cerimonia un po' sadica, ma non me la prendevo con l'insegnante, che comunque perdonavo per come accavallava le gambe, e non me la prendevo nemmeno con me stesso: tra me e l'inglese, mi dicevo allargando le braccia, non c'è possibilità di intesa, pazienza!
Invece ora ci intendevamo, io e l'inglese: lo parlavo, lo capivo,

un po' anche lo scrivevo. Altro che "the cat is under the table, the cat is not on the table", conversazione che in America avrebbe potuto essermi utile se avessi voluto fare il veterinario, ma sarebbe servita poco a un giornalista. Magari ero un po' incerto se si trattava di ascoltare un bollettino in tivù sull'attentato a Reagan, perché era una questione di vita o di morte e ogni parola, ogni sfumatura, poteva cambiare il senso della frase. Ma in generale non avevo problemi, capivo e mi facevo capire, potevo andare dove volevo, parlare con chi volevo, di quello che volevo.

Cathy, con l'autorizzazione di Carlo, mi aveva iscritto all'Associazione corrispondenti italiani da New York, che a sua volta aveva inserito il mio nome nelle varie mailing list delle autorità locali, dei musei, delle case di produzione cinematografiche, dei teatri, degli uffici stampa: in ufficio cominciarono ad arrivare anche per me inviti di ogni genere, per inaugurazioni di mostre, prime cinematografiche, spettacoli teatrali.

Un pomeriggio andai a sentire Italo Calvino alla New York University. Teneva una conferenza sul tema *The written and unwritten word*, la parola scritta e la parola non scritta: la lezione che faceva per me, specie in inglese. Calvino parlava con un accento non molto migliore del mio, ma con ben altra proprietà di linguaggio e ricchezza di vocabolario. La sua lettura fu un capolavoro di ironia e intelligenza: le risate rimbalzavano da una fila all'altra del pubblico.

Arrivò un invito di Giovanni Maldini, direttore della Rai Corporation, uomo potentissimo che dava a casa sua un cocktail party in onore di Cesare Zavattini, il grande sceneggiatore del neorealismo italiano, l'autore di *Ladri di biciclette*, *Sciuscià* e tanti altri film di De Sica, Antonioni, Fellini, Visconti. Maldini abitava in uno spettacolare appartamento al trentottesimo piano di un grattacielo. Non ero mai stato così in alto, a parte la visita canonica all'Empire State Building e alle Twin Towers. Era anche la prima volta che andavo a una festa in cui avrei potuto incontrare dei colleghi italiani, a parte Carlo Radice, il solo che fino a quel momento conoscevo. Arrivai troppo presto, tra i primi. Il padrone di casa credeva che fossi un funzionario del consolato. Chiarito l'equivoco, fu cordialissimo: "Ma certo, la Giornali Associati del mio amico Giorgio Testi! Come mai non ci siamo conosciuti prima, io e lei?". Già, come mai?

Forse eravamo iscritti a due diversi golf club? Risposi che non avevo ancora avuto occasione di venire negli uffici della Rai, che occupavano due piani di un grattacielo vicino a quello della Time-Life, al centro di Manhattan. "Ah, ma così, intendevo dire incontrarsi in giro," continuò lui, e io allargai le braccia come per scusarmi che il destino non ci facesse frequentare gli stessi giri. L'imponente salotto intanto si era riempito. Camerieri in guanti bianchi circolavano tra gli ospiti servendo tartine e champagne. Signore ingioiellate affondavano nei divani incrociando le gambe. "Ma questo Zavattini, che film ha fatto?" stava dicendo una. "Mia figlia me l'ha chiesto e confesso che non gliene ho saputo dire neanche uno." Mi allontanai, augurandomi che Zavattini non sentisse che tipo di gente si era riunita in suo onore. Zavattini non sentiva. Se ne stava in un angolo, con un bicchiere di vino rosso in mano, a ricevere complimenti. Avevo controllato la sua età su un'enciclopedia: ottantun anni. Era grosso e rotondo, uno stupendo esemplare di robusto contadino emiliano. In mezzo a quegli elegantoni esibiva uno spezzato con cravatta da venditore di castagne che lo faceva sembrare un barbone, ma era l'ultimo monumento vivente del neorealismo italiano. Tutti facevano la coda per andare a omaggiarlo e a scambiare due chiacchiere. Lo chiamavano maestro, chinando il capo deferenti, ma lui, dall'alto della sua saggezza di vecchio matto, sembrava perdonare tutte quelle smancerie.

Poi il padrone di casa annunciò che potevamo passare nel salone per il buffet. L'interesse per Zavattini diminuì. La folla ondeggiò, indirizzandosi verso il cibo, e per un attimo lui rimase solo. Era il momento che aspettavo. Mi avvicinai, mi presentai, gli dissi che ero emiliano anch'io, di Bologna, gli chiesi se era la prima volta che veniva in America. Una domanda da ignorante, non meno di quelle che gli avevano fatto prima gli altri. "Oh no, ci ero già venuto nel '40, con De Sica. Restammo due mesi a Hollywood, sa, ci aveva chiamato Frank Capra. Io scrissi una sceneggiatura per quel regista, come si chiama, quello di..." Lottava contro i nomi con tutte le sue forze, per recuperarli dalla cassaforte della memoria, gesticolava come per prenderli con le dita e metterseli in bocca, ma non ce la faceva, non ce la faceva proprio. Troppi nomi, troppi anni, troppe cose nella sua lunga vita meravigliosa. "Ma mi dica di lei, piuttosto," fece il maestro, lasciando perdere il nome che non ricordava. Arrossii: cosa potevo mai dire di interessante a un uomo così? Gli raccontai brevemente qualcosa e poi gli domandai se gli piaceva New York. "Vede, per me New York è come Venezia. No, non per via dell'acqua, anche se pure qui in effetti ce n'è tanta, è perché ogni volta che ci vengo, a New York come a Venezia, sento in me la stessa meraviglia, lo stesso sbalordimento di fronte a una bellezza tanto speciale... Ascolti. Ieri notte, sono tornato in albergo, c'era un bel film alla tivù, quel grande successo di... sì, quello che ha fatto anche... ma sì che lei lo sa, quel regista... va be', lasciamo stare, a un certo punto, zac, la televisione non funziona più e con tutti quei tasti sul telefono non riuscivo a chiamare nessuno che la rimettesse a posto. Allora, non sapendo che fare, mi sono messo a guardare fuori dalla finestra. C'erano questi pezzi di carta che volavano nel vento, wuff wuff wuff, trascinati su, verso la cima dei grattacieli, nella notte. Volavano, volavano, volavano. Ma chissà dove andavano, poi? Era uno spettacolo da rimanere incantati, mi creda..."

Gli credevo, ma lo spettacolo da rimanere incantati era lui. Non volevo monopolizzarlo: salutai, andai a bere un altro paio di bicchieri e poi a mangiare qualcosa. Timidamente feci conoscenza con qualche collega. Carlo Radice mi presentò alcuni grandi nomi del giornalismo: Goffredo Alessi, il corrispondente da New York di "Repubblica"; Enzo Giannini, il corrispondente del "Corriere della Sera"; Marco Vallora, l'editorialista della "Stampa". Ma poi notai che c'erano anche parecchi tipi più giovani, all'incirca della mia età, e apparentemente un po' a disagio come me in quell'ambiente a noi chiaramente estraneo. Ci mettemmo a chiacchierare e scoprii che avevamo un sacco di cose in comune: anche loro erano arrivati in America da pochi mesi, anche loro si erano messi in testa di fare i giornalisti a New York senza contratti, conoscenze, esperienza, e anche loro avevano pochi soldi in tasca. Venivano da Roma, Milano, Napoli, Venezia, sembravano simpatici: mi sentii di colpo meno solo, nella mia impresa. Uno che si chiamava Mario e aveva l'aria piuttosto sveglia stava facendo il filo a una bionda sui trentacinque anni, molto sexy, magra, in pantaloni, e mi unii a loro. Lei parlava un italiano discreto, ma con forte accento tedesco. Risultò che era una hostess della Lufthansa. Cosa c'entrasse una hostess della Lufthansa, con Zavattini e con la festa in suo onore a casa del direttore della Rai Corporation, non riuscivo a immaginarlo: "Forse, Fraulein," ero tentato di chiederle, "lei afere sbagliato festa?". Ma non aveva sbagliato: ce l'aveva portata uno degli ospiti, lo indicò con il dito, in quel momento occupato, poco più in là, a spiegare a Zavattini cos'è il cinema italiano. La hostess diceva di conoscere un sacco di gente, molto più importante di quella che c'era alla nostra festa. Disse di avere conosciuto Helmuth Kohl, il cancelliere tedesco, e Franz Strauss, il leader dell'Unione cristiano-sociale della Baviera, il quale aveva anche cercato di portarsela a letto, dandole il suo numero di telefono privato. "'Ma io, dottor Strauss,' gli ho detto, 'ho votato per i verdi, per gli ecologisti!'" Parlando, la hostess mi posò la mano sulla spalla, poi sul braccio, come per sottolineare un punto particolarmente significativo del discorso. Era un modo piuttosto eccitante di sottolineare.

Un giorno ricevetti un invito per due persone al Rainbow Room, in cima al Rockefeller Center. Era un party per lanciare il nuovo concorso Miss Universo, patrocinato da un'associazione di ricchi italiani. Per gli uomini era obbligatorio lo smoking: dovetti prenderne uno a noleggio, per la prima volta in vita mia. Mi sentivo perfettamente a disagio: guardandomi allo specchio, prima di uscire, avevo la tentazione di dire a me stesso, "porta due Margherite e una Napoli al tavolo 4". Sembravo un cameriere, di un ristorante senza pretese, per di più. Ma, con Angie al fianco, semplice e perfetta con un filo di perle, tubino nero alla Audrey Hepburn e tacchi a spillo, facevo lo stesso la mia figura.

L'ascensore del Rockefeller Center saliva, saliva, non smetteva mai di salire: e dentro insieme a noi due c'erano Franco Zeffirelli, Ira Fürstenberg, Gina Lollobrigida, Maria Pia Fanfani e un po' di altra gente importante che non riconoscevo. "Chi è quella?, mi pare di averla vista da qualche parte..." sussurrai ad Angie. "È Marisa Berenson, l'attrice," rispose in un soffio. Se l'ascensore si fosse bloccato a metà strada, diciamo dalle parti del novantesimo piano, avremmo certamente potuto conoscerci meglio: intrepido reporter italiano, calandosi con una fune dal novantesimo piano del Rockefeller Center, salva Marisa Berenson, Gina Lollobrigida, Ira

Fürstenberg, Maria Pia... avrei salvato anche la moglie di Fanfani? Ma sì, anche lei, e pure Zeffirelli. Ma l'ascensore ci portò tranquillamente in cima. C'era il ristorante, su due piani, un bar con le pareti di vetro su un panorama mozzafiato, la sala da ballo e l'orchestra. C'erano un mucchio di belle donne e puttanoni da sbarco con le tette di fuori, a braccetto di pescecani col sigaro tra i denti. Io e Angie prendemmo un calice di champagne e ci sedemmo su dei trespoli al bar. Tutta New York si stendeva ai nostri piedi, rutilante di luci. Prendemmo un secondo calice. Un terzo, un quarto, cercando di ubriacarci rapidamente. Poi andammo a ballare scatenati. Sulla pista, tutti cambiavano partner a ogni nuova canzone, per cui ben presto mi ritrovai tra le braccia Gina Lollobrigida. Un po' stagionata, ma pur sempre la Lollo nazionale. Che emozione. "Ho visto tutti i suoi film, signora," le dissi ballando. Lei si mise a ridere buttando la testa all'indietro e gonfiando il petto: "Sei troppo giovane per averli visti". Mi girava la testa. Ero in smoking, in cima a un grattacielo, in compagnia di una bella ragazza americana in abito da sera, con la Lollo tra le braccia, anzi, no, "cambio!", di canzone e di partner, la principessa Fürstenberg tra le braccia. Se questa era la vita del corrispondente dall'estero, del vero corrispondente dall'estero, non del mezzo impostore che ero stato io fino ad allora, chi non avrebbe voluto farla per sempre?

Un altro giorno arrivò un invito dalla Warner Bros. L'"Espresso" era stato prescelto come unico giornale italiano per un'intervista esclusiva a Steven Spielberg, il regista che trasformava in oro tutto quello che toccava, in occasione del lancio in Europa del suo nuovo film, *I predatori dell'arca perduta*. L'intervista era fissata a Hollywood, negli studi della Warner. Un piccolo gruppo di giornalisti europei avrebbe fatto il viaggio insieme. Tutto sarebbe stato organizzato dalla casa di produzione. Per qualche motivo, i redattori che si occupavano di spettacoli nella redazione centrale dell'"Espresso", a Roma, non potevano o non volevano assumersi il servizio. Carlo non si occupava di quelli che riteneva temi "bassi", come lo show business. Mi chiese se potevo andarci io. "Anche a nuoto," risposi. Lui interpellò il solito caporedattore a Roma, che diede il suo assenso. E così partii. Come nelle barzellette, eravamo un italiano, un francese, uno spagnolo, un tedesco, un olandese, un portoghese, un greco, uno svizzero, un danese, un norvegese e uno svedese: insomma, eravamo una decina, uno per paese, tutti destinati a incontrare il grande regista americano. Eravamo quasi tutti giovani, e quelli che non lo erano si comportavano come se lo fossero. L'atmosfera diventò ben presto quella di una gita scolastica. La Warner aveva predisposto tutto per metterci di buon umore. Il volo era in business class: nessuno di noi aveva mai viaggiato in un lusso simile. Alcuni ne avevano sentito parlare, altri l'avevano intravista dietro le tendine che la separano dalla classe turistica. Hostess stupende, e ovviamente disponibili a esaudire qualsiasi nostro desiderio. Cibo da ristorante a cinque stelle a volontà. Alcol a fiumi. Poltrone reclinabili come letti. Scelta illimitata di film e canali musicali. Salottini. Bar. Alcove. Misteriose scalette che portavano su, ancora più su, forse verso la prima classe, dove chissà cosa c'era, se già la business era quel ben di Dio. Lassù nel cielo sopra l'America, trattato come un re, pensai di essere arrivato veramente in paradiso. Ero in un luogo fatato, al di sopra del rumore, della lotta, delle sofferenze, dei dubbi, dove puoi avere tutto quello che vuoi: be', quasi tutto, visto che la disponibilità delle hostess, effettivamente assai carine, aveva di certo un limite. Comunque, un luogo senza telefonate, scocciature, preoccupazioni.

Avrei voluto che il viaggio durasse molto di più, ma in cinque-sei ore l'aereo atterrò all'aeroporto internazionale di Los Angeles. Qui continuarono a viziarci: all'uscita ci aspettavano due lunghissime limousine, dove trovammo tutti posto comodamente. Il bar della limo era ben rifornito e, mentre la musica suonava a tutto volume, l'autista ci invitò ad approfittarne. Lungo la strada, con una mano guidava, con l'altra fabbricava cagnolini e altri pupazzetti con dei palloncini colorati, che poi ci regalava, a uno a uno, lanciandoseli alle spalle. Che divertente, giocare tra colleghi della stampa internazionale con palloncini colorati nel salotto di una limousine! È proprio vero che non c'è business come lo show business: perfino gli autisti, a Hollywood, sono artisti! Ma il bello doveva ancora venire. La limousine ci depositò al Beverly Wilshire Hotel, a Beverly Hills: l'albergo delle star del cinema, nel quartiere delle star del cinema. Ognuno di noi era alloggiato in una suite gigantesca dove ci attendevano ceste di frutta e bottiglie di champagne. Da un momento all'altro, era chiaro, potevamo imbatterci in Jack Nicholson, Jane Fonda o qualche altro divo. Ci prendevamo reciprocamente a schiaffi, ci davamo buffetti sulle guance, per svegliarci da quel sogno. Dopo aver preso possesso delle stanze, ci ritrovammo tutti al bar dell'albergo, curiosi di chi ci avremmo trovato. Ordinammo una Coca-Cola a testa e chiedemmo il conto: "È tutto compreso nelle vostre camere," rispose una cameriera dall'aspetto celestiale. Tutto a spese della Warner? Altro che Coca-Cola, allora! Ordinammo una bottiglia di champagne. Poi una seconda. Quindi una terza. Fu una lunga serata. Perdemmo il conto delle bottiglie. Ma io non persi di vista la cameriera. Era la conferma vivente della leggenda secondo cui in California tutte le donne sono bionde, belle, con gli occhi azzurri, due gambe che non finiscono più e più curve di un autodromo. Si dice che quando, all'inizio del Novecento, nacque l'industria del cinema, arrivarono a Hollywood le donne più belle d'America, tutte speranzose di fare le attrici: naturalmente, soltanto una esigua minoranza ci riuscì, ma anche le altre si fermarono a vivere in quella terra magica, trasmettendo i geni della loro bellezza alle generazioni successive. La nostra cameriera doveva aver fatto una scorpacciata di geni della bellezza: era tanto bella che sembrava finta. Alla fine fui io a firmare il conto per tutti: le chiesi se potevo aggiungere una mancia, lei fece cenno di sì abbassando gli occhi (non solo bella, anche schiva – che ragazza!) e io fui particolarmente generoso, tanto pagava la Warner anche quello. Attesi che gli altri se ne andassero, poi tornai al bar, la puntai, andai a salutarla e le chiesi se era libera, se aveva voglia di uscire a fare un giretto. "Quando?" rispose lei, con la sua voce di miele. La domanda mi prese alla sprovvista: non avevo un piano preciso. "Mah, non so," balbettai, "stasera?" Quella sera non poteva. Le dispiaceva molto, ma proprio non poteva: forse la mamma malata da curare, o un fratellino da aiutare nei compiti, lo capivo dal suo sguardo imbarazzato, che diceva, non chiedermi il motivo, ti prego, gentile signore. "Domani sera, allora?" "D'accordo," accettò illuminandosi in volto. "Alle otto e mezzo? Qui davanti?" Un altro splendente sorriso rischiarò il bar dell'albergo, l'albergo, Beverly Hills e una discreta fetta della California meridionale. Che denti, Madonna mia!

La mattina dopo Spielberg ci aspettava per l'intervista negli studios della Warner. Era considerato il regista di maggior successo d'America, ma non si dava arie per niente. Era professionale, paziente, addestrato: sapeva che anche questo faceva parte del suo lavoro, farsi intervistare da una decina di giornalisti venuti dalla lontana Europa per il lancio di ogni nuovo film, ripetendo a ognuno le stesse cose come se le domande fossero straordinariamente originali e le risposte frutto di una complessa elucubrazione della sua materia grigia. Avevamo venti minuti ciascuno, cui si sarebbero aggiunti una videocassetta sul backstage del film e un tour dei famosi studios cinematografici, seguito da uno spuntino a Rodeo Drive, la strada delle gioiellerie e delle boutique di Beverly Hills. Quando venne il mio turno, ebbi la sensazione di essere riuscito a stabilire un autentico contatto umano con Steven, di aver scalfito quella corazza di cortesia professionale. Forse si era divertito anche lui, nei venti minuti della mia intervista. Forse si sarebbe ricordato di me? Dio, che occasione, pensai. Se Steven un giorno avesse voluto fare un film sul giornalismo? Magari su un giornalista italiano? Che sbarca a New York senza un soldo e poi se la cava? Che storia fantastica! Avrei potuto scrivergli io la sceneggiatura. Era scontato cosa sarebbe accaduto dopo. Avrei preso una villa affacciata sull'oceano, a Malibu. Avrei avuto attrici favolose come vicine di casa. Le avrei incontrate la mattina, mentre i rispettivi cani scorrazzavano sul bagnasciuga. "Come stai, cara? Hai dormito bene?", "Avrei dormito meglio abbracciata a te, tesoro", "Hai sempre voglia di scherzare, Lulù". "Lo sai che" – mugolio di piacere represso – "non scherzo mai su queste cose, tesoro...", "Dovrai attendere, purtroppo, amore mio, perché Kim," mi sembrava un bel nome per una star, "perché Kim, ti dicevo, mi prosciuga. E non mi molla un attimo. È gelosissima. Potrebbe uccidermi, se mi vedesse qui a parlare con te. Anzi... ehi, Fido, andiamo, torniamo dalla nostra padroncina, prima che si faccia tardi". Bau bau bauuu!

Quella sera alle otto e mezzo mi presentai puntuale all'appuntamento con la bionda da favola. Era ancora più bella che col grembiule: si era vestita per uccidere, come si dice in inglese, e io ero pronto a stramazzare al suolo per lei. Volevo raccontarle della mia mattina con Spielberg: le avrebbe fatto certamente effetto. Le avrei chiesto consiglio su dove acquistare casa, qui a Los Angeles, non appena Steve mi avesse mandato il contratto per la sceneggiatura: Malibu, secondo lei, era davvero il posto adatto per me, o c'era qualcosa di meglio? "E allora, dove andiamo?" chiese distogliendomi dalle mie fantasie. Non ne avevo idea. "Be', non conosco molto bene Los Angeles, ci sono venuto solo mezza dozzina di volte," mentii. "Ti porto io in un bel posticino, allora. Dove hai la macchina?" Confessai che non ce l'avevo. La notizia la sorprese e la turbò come se le avessi annunciato la morte precoce, in un atroce incidente, di varie generazioni della mia famiglia. Mi guardò come si guarda un marziano. "Non hai la macchina?" ripeté come se non credesse alle proprie orecchie. Farfugliai che c'era stato un contrattempo con l'autonoleggio: io pretendevo sempre un certa marca di limousine e le avevano esaurite, per quanto avessi raccomandato alla mia segretaria di prenotare, ed ero fatto così, o quella marca, o niente. "Chiama un taxi, allora," sbuffò, leggermente spazientita. Ammisi che non sapevo come si faceva, a chiamare un taxi a Los Angeles: non bastava alzare un braccio come a Manhattan per fermarne uno. Fu ancora più delusa: stavo perdendo colpi a una velocità da Formula Uno. Mi disse di dare una mancia al portiere e farmene chiamare uno. Un po' a malincuore andai ed eseguii, separandomi dolorosamente da un biglietto da un dollaro, che il portiere prese con due dita, schifato come se gli avessi messo in mano un topo morto. Comunque chiamò il taxi. La bionda diede al tassista l'indirizzo di un night, poi mi soppesò per bene, ci ripensò e gli disse di portarci in un bar lì vicino. "Prendiamo un aperitivo, prima, d'accordo?" Ero d'accordo, sebbene un po' preoccupato all'idea di spendere troppo: avrei preferito continuare a consumare champagne a spese della Warner, al bar dell'albergo o meglio ancora in camera mia. Ci eravamo appena seduti al tavolino del bar da lei prescelto, che venne un cameriere: abbronzatissimo, con la erre moscia e, mi pareva, le ciglia finte. Lei ordinò un cocktail dal nome esotico. "Per me una Coca-Cola, grazie," dissi io; ma poi, vedendo la faccia esterrefatta della mia compagna, aggiunsi perentorio: "Con ghiaccio e limone, s'intende". Ormai aveva capito l'equivoco. Mi chiese, con una certa asprezza, chi ero e cosa facevo a Los Angeles: ogni traccia di miele era curiosamente scomparsa dalla sua voce. Glielo dissi. Tacque per un po'. "E tutto quello champagne che vi siete bevuti?" Dovetti dirle che era pagato dalla casa di produzione. La bionda ingollò il suo cocktail e chiese il conto, che il cameriere le portò lanciandomi uno sguardo di disprezzo come se appartenessi a una specie inferiore: avrei voluto dirgli che nella mia Coca non c'era abbastanza ghiaccio, ma non mi sembrava il momento opportuno. Lei prese il conto e me lo cacciò in mano. "Veramente non ho ancora finito di bere... facciamo due chiacchiere, raccontami di te." Ma era un tentativo disperato, lo sapevo. Nemmeno mi rispose: disse al cameriere di chiamare un taxi e si alzò in piedi. Persi tempo a raccogliere dalle tasche tutti gli spicci: sarei rimasto completamente al verde, ventitré dollari per un cocktail e una Coca, erano pazzi. "Vieni?!" chiese lei, ma suonava come un ordine più che come una domanda. La raggiunsi, montammo in taxi e quello partì sgommando. Cercai di passarle un braccio dietro le spalle, avrei voluto consolarla: è vero, non sono un milionario, piccola mia, ma un giorno ti porterò via di qui. Mi sembrava di averlo già sentito, un discorso simile: sì, lo avevo fatto, mentalmente, alle spogliarelliste del topless bar di New York. E nemmeno loro mi avevano creduto. Comunque la bionda si scostò allarmata, e ritirai il braccio. Capacissima di denunciarmi per molestie sessuali, ora che aveva capito che non ero un milionario. "È buffo," commentai, "ancora non mi hai detto neanche come ti chiami, eppure mi pare già di conoscerti un po'." Non rispose nemmeno. Il tassista inchiodò. "Io scendo qui," annunciò lei. Quello ripartì. E io mi resi conto che non avevo soldi per pagare la corsa: avrei dovuto chiedere un prestito ai colleghi.

Li ritrovai tutti al bar del Beverly Wilshire, ultima sera di bisboccia: "Ma dov'eri finito?" ridevano, ubriachi, come la sera prima. C'era un'altra cameriera, bella come l'altra, bionda uguale, con le tette ancora più grosse, che faceva scorrere fiumi di champagne con gli occhi sgranati. E, su una pedana, una cantante che cantava con voce languida: "I want a man with a slow hand, I want a man with an easy touch". Si fletteva come una pantera, mentre cantava, rivolta verso il nostro tavolo, probabilmente attratta, anche lei, dal fascino di quegli uomini europei che non badavano a spese.

"Secondo me, ci sta," dissi al collega greco.

"La cantante o la cameriera?"

"Tutte e due."

"Prendiamocene una per uno, allora."

"No, grazie, io me ne vado a letto."

Tornato in camera, guardai dall'alto le luci delle free-way che brillavano nella notte, tra le palme e il riverbero della piscina illuminata. Nel comodino trovai una copia della Bibbia. I peccati al bar e le preghiere in camera: solo gli americani potevano immaginare un binomio del genere. Chi sarebbe così pazzo da mettersi a leggere un brano della Bibbia prima di addormentarsi? Giusto per curiosità, lo aprii alla prima pagina: a parte le lezioni di catechismo, riflettei, la Bibbia non l'avevo mai letta. Sdraiato a torso nudo sul letto, cominciai dalla Genesi, pagina 1: "In principio, Dio creò il cielo e la terra. Ma la terra era deserta e disadorna e v'era tenebra nella superficie dell'oceano e lo spirito di Dio era sulla superficie delle acque. Dio allora ordinò: 'Vi sia luce'. E vi fu luce". Che inizio. Che potenza. Avrei dovuto leggerlo davvero, quel libro, da cima a fondo. Continuai per un po', appassionatissimo, ma mi addormentai prima di arrivare al riposo del settimo giorno.

Con la cameriera mi era andata male. Con Spielberg poteva andarmi meglio. A Hollywood talvolta accadono miracoli. Ma dovevo fare in fretta, prima che Steven si dimenticasse di me, dell'italiano che lo aveva intervistato dopo il francese e il tedesco, ma prima del greco, dell'olandese, dello spagnolo. Pensai e pensai e pensai. Macché, raccontargli la mia storia, la storia del mio sbarco in America, non avrebbe funzionato. Ci voleva qualcosa di più originale. Scrissi qualche paginetta su un ragazzino che si addormenta nel suo letto e si sveglia in una New York fantastica, popolata di bestie feroci, letti che camminano, giganti e gnomi in lotta tra loro, finché dopo mille disavventure scopre che era tutto solo un sogno. Mi pareva una storia molto adatta al tipo di film d'avventure che faceva lui. Non proprio originalissima, a dire il vero: era ispirata alle avventure del *Piccolo Nemo*, un fumetto americano che leggevo da bambino. Ma se nessuno ha più inventato niente dopo Omero, cosa si pretendeva da uno sceneggiatore alle prime armi? E poi, se il soggetto non lo convinceva del tutto, avremmo potuto ritoccarlo insieme. Il mio era solo un abbozzo, per dimostrargli la mia prodigiosa fantasia: non avevo nulla in contrario a cambiare qualcosa, qui e là. Feci una copia per me con la fotocopiatrice dell'"Espresso", convinto che sarebbe stata sufficiente come prova dei diritti d'autore, e spedii l'originale alla sua segretaria, a Hollywood, con una letterina d'accompagnamento.

Dear Mr Spielberg,
si ricorda di me, il giornalista italiano a cui ha dato un'intervista negli studios di Burbank, qualche giorno or sono? Qui c'è un'idea, appena un accenno di soggetto, per un film. Perderebbe cinque minuti del suo tempo per leggerlo?
Grazie.

Era come comprare un biglietto della lotteria. Ci vuole fortuna, per vincere. Ma se non compri il biglietto, non puoi vincere. Passò una settimana, e la lotteria rispose. Cathy pescò dalla montagna di posta per l'"Espresso" una busta con l'intestazione Warner Bros e il mio nome sopra. Aprendola mi tremavano le mani.

Caro Signore,
abbiamo ricevuto recentemente una lettera indirizzata a Steven Spielberg che lei ci ha inviato su base gratuita e non sollecitata. La prego di comprendere che la politica della nostra società non ci permette di considerare simili proposte. Ho aperto la busta, ma il contenuto non è stato considerato o esaminato da nessuno in questo ufficio. Come atto di cortesia verso di lei, le restituiamo il materiale.
Sinceramente sua,

Pat Young
Per l'ufficio di Steven Spielberg

Lessi, rilessi, lessi una terza volta, poi ripiegai e misi in tasca. Non vedevo l'ora di farla vedere ad Angie. Alzai il telefono, chiamai Pat Young. Rispose al terzo squillo. Un po' freddina, ma cortese. Sì, si ricordava di me. Avevo ricevuto la sua lettera? Dissi di sì, l'avevo ricevuta, volevo ringraziarla per le sue parole gentili: comprendevo perfettamente il motivo per cui me l'aveva restituita. Sono un uomo di mondo anch'io, come lei (anche se lei non è un uomo, avrei voluto precisare) e come Steve, non creda che me la prenda per queste cose. "Steve, comunque, è occupato per i prossimi sei anni," annunciò Pat Young a scanso di equivoci. "Be', sono ancora giovane, posso aspettare," risposi. Fece un risolino. Risi anch'io. Si era chiaramente creata tra noi una corrente di simpatia, come avviene tra persone del medesimo ambiente. Ci salutammo quasi con affetto. Cara, dolce Pat Young. Un rifiuto di Steven Spielberg, su carta intestata della Warner Bros, indirizzato a me: ma si rende conto di quanto può valere, nei bar di Bologna? Si comincia sempre così. Ormai mi sentivo entrato nel mondo del cinema. Era solo questione di aspettare. Sei anni, come aveva detto Pat. O poco più.

11.

AL TUO POSTO, NON ASPETTEREI TROPPO

Un sabato sera al Jazz Forum, un loft al quarto piano, sulla 23esima strada, dove suonavano fino all'alba. Avevo ricevuto un invito in redazione per una serata speciale dedicata al clarinetto, che insieme al sassofono era il mio strumento preferito. Angie era di turno al ristorante e aveva insistito perché ci andassi lo stesso. Il gruppo si chiamava Licorice Factory, Fabbrica di Liquirizia, perché, mi avevano spiegato, nello slang dei musicisti jazz il clarino era ribattezzato "licorice stick", bastoncino di liquirizia, e mi sembrava un soprannome perfetto: il suono stesso di quella parola, "licorice", rimandava alla musica che esce dal clarinetto, così dolce e ironica. Il concerto era splendido, pur suonando un solo strumento i musicisti lo facevano sembrare un'orchestra.

Salendo in ascensore fino al quarto piano, poco prima, avevo incontrato una ragazza che masticava, appropriatamente, un bastoncino di liquirizia, di quella vera, che si compra dall'erborista. "Suoni il clarinetto anche tu?" mi chiese, e sulle prime pensai che nella domanda ci fosse un malizioso doppio senso – il clarinetto poteva far pensare anche a un altro strumento, umano non musicale –, ma nel dubbio decisi che se c'era non avrei raccolto. Risposi che mi limitavo ad ascoltarlo. Chiese di dov'ero, l'accento mi aveva immediatamente tradito come straniero, ovviamente, e saputo che ero italiano disse che uno dei musicisti del gruppo era appena stato in tournée in Europa, anche in Italia, insieme a un certo, boh, capii Ginger Rogers, sicché commentai che sì, l'avevo sentita nominare, Ginger, confondendo tragicamente l'attrice con un Rogers jazzista, maschio per giunta, come compresi dalla faccia divertita della ragazza che scoppiò a ridere e si allontanò scuotendo la testa.

I suonatori di clarinetto erano tutti diversi uno dall'altro. Ce n'era uno in giacca e cravatta, abbigliamento tipo jazz-band del 1945; un altro alto, grosso, pelato come una palla da biliardo, l'aria da guru occidentale; uno che sembrava un figlio dei fiori; un altro con l'aspetto del ragazzino spaesato finito lì per sbaglio, ma che non era affatto lì per sbaglio e suonava anche lui divinamente bene. Il mio preferito però era il giacca&cravatta del 1945: sapeva fare di tutto col suo bastoncino di liquirizia, le improvvisazioni più moderne e strampalate ma anche i classici. Nella sala, e non solo sul palcoscenico, c'era tanto da osservare: tra gli spettatori notai un indiano dell'India, vecchio, basso, barbuto, vestito alla Gandhi, che mi fu subito antipatico. Si vedeva che voleva essere parte dello spettacolo: ballava da seduto, in prima fila, come se dirigesse il traffico con le sue manine, ed era chiaramente ubriaco. Forse era famoso per qualche ragione, perché le ragazze del locale andavano a salutarlo e lui, il vecchio porco, toccava le tette a tutte. C'era una bella signora sulla cinquantina, che beveva un drink da sola, con grande dignità. Un omosessuale tarchiato, quasi calvo, in camicia a scacchi, che ballava scatenato, per conto suo però, in un angolo, sudando a più non posso, guardandosi attorno di tanto in tanto con aria soddisfatta. Una ragazza sola, capelli lunghi, scarpe da ginnastica, appollaiata sui termosifoni spenti, di fianco alle ampie finestre del loft, batteva le mani a ritmo e sorrideva timidamente a nessuno in particolare. A un certo punto sbucò fuori una danzatrice del ventre, che al suono dei clarinetti si agitava tra i tavoli come un serpente a sonagli e dimenava sensualmente i fianchi e la pancia. Andò avanti così per un quarto d'ora. Tanta gente era venuta sola al concerto, come me: le coppie erano in minoranza.

Forse era una serata per single? E dire che il Jazz Forum non era certo uno di quei posti di Uptown, i single bar, dove donne e uomini soli cercavano incontri fugaci, one night stand, sesso solo per una notte. Io non c'ero mai stato: quando ero troppo povero, perché chissà quanti drink ci volevano per arrivare alla one night stand, e quando qualche soldo finalmente ce l'avevo perché nel frattempo non ero più single. Rimasi seduto al bar seguendo il concerto, bevvi due birre, fumai qualche sigaretta. New York è così, pensai, un posto dove puoi essere solo senza sentirti solo, senza sentirti osservato perché sei solo, come succederebbe a Bologna. Era una città per gente sola che cercava disperatamente di incontrarsi. E ci voleva fortuna perché succedesse, com'era capitato a me. Il concerto finì all'una del mattino e fui tra i primi a lasciare la sala, dove la musica sarebbe continuata con jazz session improvvisate. Il Gandhi indiano, il vecchio porco che non aveva smesso un secondo di fare casino, ostruiva la porta dell'ascensore balbettando qualcosa a una racchia ventenne. Avevo una gran voglia di dargli un pugno. "Che vecchio insopportabile," dissi a un tizio che scese in ascensore con me. "Un vecchio a cui piacciono le ragazzine," rispose quello. Benissimo, affari suoi, ma perché nascondere i propri gusti dietro quella mascherata da Gandhi? Lo pensai, ma non dissi niente. Fuori piovigginava, però faceva caldo. "Take it easy," mi disse il tizio, una frase così vuota, così banale, così americana. "You too," anche tu, risposi. Camminai fino all'angolo con la Sesta Avenue, presi un taxi e filai a casa da Angie.

Le avevo raccontato tutto del mio scambio di messaggi con Spielberg, o meglio con la segretaria di Spielberg: faceva poca differenza, per me. Avrei conservato quella lettera, l'avrei messa in cornice, appesa al muro, un giorno l'avrei mostrata a figli e nipoti come la prova di quanto ero andato vicino a sfondare in America. Trovavo la cosa divertentissima, ma Angie rispose che non c'era bisogno del rifiuto di Spielberg: "In America hai già ottenuto quello che volevi. Basterà questo a far colpo sui tuoi amici bolognesi, quando tornerai". Fece una pausa. "Se tornerai." In realtà, per me, il ritorno non era mai stato in dubbio. Non solo il volo di rientro allo scadere del biglietto aperto un anno, ma il ritorno definitivo in Italia. Amavo troppo la mia città, il mio paese, i miei amici, le mie abitudini. New York mi affascinava ma non era "mia", e sentivo di non appartenerle. Quanto ad Angie, da qualche tempo avevo cominciato a dirle "I love you". Quando parlavamo del futuro insieme, però, era sempre in Italia: le dicevo semiserio che un giorno sarebbe venuta con me, avrebbe ritrovato le sue radici, ci saremmo presi una casetta da qualche parte e saremmo vissuti insieme felici e contenti. Ma dove, esattamente? Le possibilità erano due: a Roma, se la Giornali Associati o, sogno dei sogni, l'"Espresso" mi avesse offerto un posto fisso presso la redazione centrale; oppure a Mercato Saraceno, un paesino sulle prime falde dell'Appennino romagnolo, dove avremmo affittato una casa con quattro soldi, io avrei cercato di scrivere un grande romanzo, lei avrebbe fatto lo stesso lavoro che faceva a New York, la cameriera, in attesa della fama, della gloria, del denaro. Perché, mi chiedeva Angie, avevo scelto Mercato Saraceno? Non lo sapevo il perché. A dire la verità, non c'ero mai nemmeno stato a Mercato Saraceno. Ma mi piaceva il nome, esotico quanto bastava; il puntino che lo contrassegnava sulla carta geografica era talmente piccolo da far presumere che fosse una cittadina di poche migliaia di abitanti; e questo a sua volta faceva presumere che la vita lì costasse poco, per cui saremmo riusciti a tirare avanti con un po' di risparmi (miei) e di lavoro (suo). Non erano discorsi concreti. Ma erano più realistici, nella mia testa, dell'idea di rimanere a lungo o addirittura per sempre a New York – progetto che non avevo mai davvero preso in considerazione.

Quella domenica mattina, dopo esserci svegliati tardi come al solito, passeggiammo per la Seconda Avenue in cerca di un caffè in cui fare il nostro brunch con Bloody Mary e uova alla Benedict. C'era quell'aria meravigliosa che c'è a New York la domenica mattina, quando tutti si muovono più lentamente e la straordinaria energia che sprigiona dai suoi abitanti nei giorni feriali sembra improvvisamente rallentata da una moviola. Uomini con il pesante fagotto del "New York Times" della domenica sotto il braccio, donne che portano il cane al parco, coppie che si attardano davanti alle vetrine dei negozi, la gente seduta ai tavolini all'aperto, il traffico più rado in strada, il rumore meno intenso. Al mattino, nei giorni feriali, il flusso umano sui marciapiedi era sempre così veloce, determinato, quasi violento, che mi pareva che ogni newyorkese indossasse una corazza prima di uscire di casa: be', adesso la corazza i newyorkesi se l'erano tolta, era domenica, il settimo giorno, il giorno del riposo secondo la Bibbia, non c'era alcuna battaglia per la sopravvivenza da combattere. Anche Angie e io ci sedemmo al tavolino di un caffè. Avevamo appena ordinato, quando vidi passare qualcuno che mi pareva di conoscere. Sono sempre stato fisionomista e quel volto l'avevo già visto. Ma certo, Goffredo! Goffredo Alessi, il corrispondente di "Repubblica"! L'avevo conosciuto al party per Zavattini, e poi intravisto a un paio di conferenze stampa. Era sempre stato molto gentile con me, mentre mi sarei aspettato che un giornalista famoso come lui, per anni mezzobusto del telegiornale prima di passare a "Repubblica", neanche si accorgesse della mia presenza. Come tanti newyorkesi adesso era a passeggio, a godersi il riposo domenicale, il riposo del guerriero. E se lo godeva con stile: aveva a braccetto una bella donna dai capelli scuri che doveva essere la moglie, teneva un grosso sigaro in bocca da cui ogni tanto tirava una boccata soddisfatta, era in jeans e maglietta a mezze maniche, mentre alla festa a casa del direttore della Rai Corporation e nelle altre occasioni professionali l'avevo sempre visto inappuntabile, in giacca e cravatta. Venivano avanti pian piano, come centellinando la magnificenza di quel momento. Continuai a osservarli: ora erano davanti a una vetrina. Goffredo era abbronzato, si lisciava la barba, che incorniciava il suo bel profilo classico, quasi da, ecco, sì, da antico romano. Angie si era accorta che non le badavo più, domandò chi avevo visto: indicai Alessi e spiegai chi era. "Rivedi te fra una ventina d'anni?" chiese, scoppiando a ridere. "No," scherzai, "perché sua moglie ha i capelli lunghi, tu li porti corti," risposi stando al gioco.

Ma era un gioco? O forse aveva ragione Angie? Possibile che, senza volerlo, senza accorgermene, avessi imboccato una strada senza ritorno? La mia idea, lo sapevo bene, era sempre stata solo quella di mettermi alla prova, imparare l'inglese, interpretare per un po' la parte avventurosa e romantica del "corrispondente dall'estero", senza diventarlo veramente; e poi, sistemata l'America, fatti i conti con quella terra favolosa che per me, fin da quando ero ragazzino, era sempre stata un mito, sarei tornato a casa, per fare sì il giornalista, ma tra i miei amici, nella mia lingua, che volevo sentir rimbombare sotto i portici di Bologna. In fondo, nemmeno Roma – tanto meno la romantica idea di Mercato Saraceno – mi sembravano davvero il mio destino. Non avevo lasciato la mia città natale pensando che non ci sarei mai più tornato. Per prudenza, con la Giornali Associati, non avevo ancora affrontato l'argomento del biglietto aereo aperto un anno, che scadeva ai primi di luglio. Avevo creduto che un anno sarebbe bastato, per completare la mia avventura, adesso mi stavo chiedendo se non ce ne sarebbero voluti due: però non di più, certo non molti di più. Comunque era venuto il momento di affrontare la questione delle "ferie estive", diciamo così, con il direttore. E di vedere un po' più chiaramente nel mio futuro. Chiamai la segretaria di Giorgio Testi e le dissi che avevo bisogno di parlargli. Lui mi richiamò qualche giorno dopo. Cominciai col dirgli che avevo un biglietto aereo di ritorno già pagato per l'Italia, e che sarebbe scaduto tra circa un mese. Mi dispiaceva buttarlo via e del resto desideravo rivedere i miei genitori. Però, poi, dopo l'estate, cosa avrei fatto? Dove avrei lavorato? Come? Insomma, che cosa mi consigliava di fare lui, dall'alto della sua esperienza? L'approccio all'insegna dell'umiltà gli piacque. Rispose che tutti hanno bisogno di un riposo dal lavoro, e che effettivamente sarebbe stato stupido non utilizzare un biglietto già pagato. "Hai lavorato bene, in questi mesi," affermò. "Certo, devi ancora arricchire il tuo bagaglio professionale, ma sei un giovane promettente," aggiunse magnanimo. Poi confermò che intendeva farmi un contratto di collaborazione e che, prima o poi, questo si sarebbe potuto trasformare in una vera e propria assunzione come redattore: con sede a New York, se era quello che desideravo. Mi tremarono le gambe. Non sapevo cosa rispondere. Il primo istinto era di dire che no, non era quello che desideravo: l'America l'avevo voluta, sì, ma ora volevo tornare a casa mia. Temevo però di sembrargli non abbastanza ambizioso, perfino ingrato: dopo tutto, la Giornali Associati mi aveva offerto un'occasione favolosa, grazie alla quale ero perfino approdato sulle gloriose pagine dell'"Espresso". "Naturalmente," risposi perciò, senza specificare se naturalmente sì, naturalmente no, naturalmente cosa. "Sono molto felice di quello che sto facendo," aggiunsi, senza precisare per quanto avrei voluto continuare a farlo. Comunque a Giorgio Testi andò bene, come risposta. "Ottimo, allora," fece, lasciando capire che la nostra conversazione stava per concludersi, "faremo così. Tu utilizza il biglietto e ai primi di luglio prenditi pure la tua vacanza... diciamo per circa tre settimane, d'accordo? Passa a trovarmi a Roma, così ti presento la redazione, ti porto a conoscere anche qualcuno dell''Espresso' e ti faccio avere il biglietto aereo per tornare a New York. Poi, in autunno, sistemeremo la faccenda del contratto di collaborazione."

Sicché, era fatta. Sarei tornato in Italia, almeno per un po'. Poi avrei fatto un altro anno a New York, probabilmente. Poi, poi, poi, be', poi avrei di nuovo affrontato la questione, dicendo tutta la verità questa volta: che ringraziavo tanto, ma avrei gradito tornare in Italia. Magari continuando a lavorare per la Giornali Associati. Magari da Roma, in fondo era più vicina a Bologna di New York, no? Quando lo dissi ad Angie, mi gettò le braccia al collo e mi riempì di baci. Non era un tipo oltremodo sentimentale, badava più ai fatti che alle parole, a differenza di me che preferivo di gran lunga le parole ai fatti: ma ora ripeteva "sono così contenta, temevo che te ne saresti andato per sempre" e compresi che mi amava, forse più di quanto le avevo dimostrato io con i miei "I love you". Disse anche che, se avessi voluto, al ritorno dall'Italia mi sarei potuto trasferire da lei: eravamo sempre a casa sua, in fondo, tenere due appartamenti era una spesa inutile, soprattutto perché il suo era più carino, il quartiere più bello e l'affitto appena più alto del mio. Dividendo le spese, tra il suo stipendio di cameriera e il mio di giornalista ci saremmo sentiti quasi ricchi. "Magari quando torni andiamo un weekend in Florida, al mare," disse Angie. "Sono solo due ore d'aereo e ho un amico che può prestarci la casa, vicino a Miami."

Era troppo, tutto insieme: le vacanze in Italia dietro l'angolo, la prospettiva del contratto di collaborazione, l'idea di almeno un altro anno, no, di *un* altro anno in America, la convivenza con Angie, un viaggio insieme in Florida. Cosa stava succedendo alla mia vita? Avevo bisogno di confidarmi con qualcuno. Telefonai a Michele, ci vedemmo per pranzo, gli raccontai tutto. Poi chiamai Bruno, e dissi tutto anche a lui. Si complimentarono entrambi, i miei amici bolognesi: non li avevo frequentati molto negli ultimi mesi, tra il lavoro e Angie il tempo volava, mi sentivo in colpa per questo, e glielo dissi, ma loro furono comprensivi come sanno essere gli amici, che a differenza delle fidanzate sono sempre tolleranti e non provano gelosia. Decidemmo di vederci, una di quelle sere. Bruno aveva dei biglietti per una nuova discoteca appena inaugurata, che a sentir lui avrebbe surclassato il famoso Studio 54 e sarebbe diventata la più alla moda di New York.

Un venerdì sera ci presentammo da lui, io, Angie e Michele, verso le nove e mezzo. Bruno apparteneva, a differenza di me, a quella tribù newyorkese di nottambuli che non escono mai prima di mezzanotte. La porta di casa era aperta, lui stava facendo il bagno e ci invitò a entrare col suo vocione. Era buffo, enorme, un bestione peloso insaponato, si radeva nella vasca e appariva perfettamente a suo agio, mezzo nudo davanti a noi. C'erano anche la sua ragazza, Rachel, e altri due amici americani, nel piccolo appartamento al West Village. Uscito dall'acqua, vestito e profumato, decretò che non aveva senso spendere soldi per andare fuori a cena, per cui cominciò a cucinare degli spaghetti con un avanzo di ragù. La cucina era lurida, il lavandino pieno di piatti sporchi. Dopo aver mangiato gli spaghetti, che effettivamente erano molto buoni, Bruno si mise a lavare i piatti: oltre a quelli della nostra cena, la pila che doveva essersi accumulata in almeno una settimana. Poi decise anche di fare, in quindici minuti, le pulizie di casa. Così facendo si sporcò i vestiti puliti e dovette cambiarsi, dopo aver dibattuto se rifarsi il bagno. A questo punto scoppiò una gran lite con Rachel, che uscì sbattendo la porta e bestemmiando. "Non fateci caso," ci tranquillizzò Bruno, ma era lui il primo a non essere molto tranquillo e uscì a cercarla. Tornarono dopo tre quarti d'ora, lei pareva rabbonita. Noi li avevamo aspettati guardando la tivù e provando a chiacchierare con i due amici americani, che però erano talmente fatti di erba da non riuscire a biascicare più di due parole sensate per volta. Finalmente, dopo grande incertezza su che giacca mettersi, Bruno annunciò che era pronto e uscimmo.

La discoteca si chiamava Area, era tra Chinatown e Little Italy. Fuori c'era una coda di gente che spingeva per entrare e tutti sostenevano di avere un invito "vip". Ci volle mezz'ora di negoziati, ma poi Bruno riuscì a farci passare tutti. Era davvero un posto straordinario. Le pareti interne contenevano delle vetrine, ognuna diversa dall'altra. Nella prima c'era una civetta, viva e vegeta, chiusa in gabbia; e, in una teca di vetro ai piedi della gabbia, c'era un grosso boa, vivo e vegeto anche lui. Nella seconda vetrina c'era una ragazza, vera pure lei, che dormiva o fingeva di dormire, il petto che si alzava e si abbassava nel respiro, in sottoveste, su un letto a baldacchino. Nella terza c'erano cinque ragazzoni che giocavano a poker, giocavano sul serio, accanitamente, indifferenti ai nasi premuti contro il vetro di quelli che volevano guardare, alle boccacce, a quelli che urlavano "ha tre assi, ha tre assi!", tanto il vetro era spesso, la musica fuori era assordante e non avrebbero sentito niente. In un altro c'erano due ragazze e un ragazzo che cenavano in una camera da pranzo sontuosamente arredata: chiacchieravano, ridevano, brindavano, incuranti della ressa oltre il vetro. Poi c'era una vetrina-acquario piena di pesci tropicali, dentro la quale ogni tanto si tuffava una bella ragazza in bikini. E un'altra in cui delle cubiste seminude si davano il turno sculettando. C'erano cubiste anche nella sala più grande, appese in gabbie sopra il bar, trafitte dalle luci psichedeliche. Facemmo un giro di drink, poi andammo tutti a ballare.

Dopo un po' dissi ad Angie che dovevo andare alla toilette. "Anch'io," fece lei, e ci avviammo insieme facendoci largo a fatica nella calca. Un barman ci indicò la direzione, ma, una volta arrivati davanti a una porta con la scritta TOILETTE, ci accorgemmo che non specificava se era quella maschile o quella femminile. "Vai avanti tu e poi mi dici," disse Angie ridendo. Non era la toilette maschile. E nemmeno quella femminile. Era una toilette bisex. Lungo una parete c'erano gli orinatoi per gli uomini, e in mezzo alla stanza c'erano dei cubicoli in cui era possibile chiudesi per avere l'intimità necessaria. Davanti ai lavandini si accalcavano uomini, donne, coppie eterossesuali, coppie di gay, coppie di lesbiche. Qualcuno si baciava, qualcun altro pomiciava con i calzoni mezzi abbassati o la gonna alzata, qualcuno tirava piste di cocaina. Uscimmo dalla discoteca che erano le tre del mattino, ma Bruno propose un altro giro: "Vi faccio vedere l'ultimo posticino che ho scoperto, dove porto i turisti per i miei sex-tour". Era un mestiere redditizio, il suo: si faceva pagare trecento dollari a coppia per portare visitatori di ogni nazionalità a vedere i single bar, i topless bar, i peep show, il ballo dei transessuali ad Harlem e i bordelli della 42esima strada. Gli stranieri, da soli, non si sarebbero mai avventurati in quei luoghi. In realtà non c'era alcun pericolo, semplicemente bisognava conoscerli: e loro, coppiette di mezza età di provincia, tornavano poi a casa eccitati, felici di poter raccontare un'esperienza fuori dal comune agli amici dentisti, avvocati, architetti. Arrivammo al locale di cui ci aveva parlato Bruno. Si entrava da una porticina all'incrocio tra la 14esima strada e la Nona Avenue. Sopra, col gesso, qualcuno aveva scritto in stampatello "Hell's Fire": fuoco dell'inferno. Proprio di fronte c'era una bisteccheria, l'Old Homestead, a quell'ora chiusa da un pezzo: era rimasta, sul marciapiede, solo una placida mucca pezzata di legno, a grandezza naturale. Una vacca da marciapiede, pensai. Scendemmo una rampa di scale. C'era un piccolo ingresso mal illuminato, dove un culturista vestito di pelle nera e una ragazza molto giovane, dai capelli rossi, vestita di rosso, ci fecero firmare un modulo in cui dichiaravamo di essere maggiorenni, consenzienti e venuti lì di nostra volontà. Varcammo una seconda porta e ci trovammo in una specie di catacomba buia e puzzolente. Gocce d'acqua filtravano dal soffitto. Il pavimento era umido e scrostato. L'aria era acre, impregnata di fumo. Proseguimmo lungo un corridoio verso una stanza da cui filtrava un vago chiarore e da dove arrivava una cupa sinfonia classica. Alle pareti cominciammo a vedere appese fruste, catene, manette, bastoni e altri strumenti di cui era difficile capire l'uso. Poi sbucammo in uno stanzone. C'era una bella ragazza dai capelli castani, in groppa a un ciccione disgustoso, piantato a quattro zampe, nudo, sul pavimento lurido. Lei indossava solo un minuscolo tanga e stivaletti neri. L'amazzone gli puntava sui fianchi i tacchi a spillo, a mo' di speroni, facendolo mugolare di dolore; quindi, sempre restandogli in groppa, si girò dall'altra parte e cominciò a sculacciarlo coscienziosamente, prima a mano aperta, poi con un palettone di legno. Dopo un po' si tolse anche le mutandine. Gli strinse la testa fra le gambe e gli ordinò di leccarla. Nella penombra – lo stanzone era illuminato solo da candele – si faceva fatica a vedere, ma a poco a poco ci abituammo. Più in là, un signore alto e magro, nudo eccetto le scarpe da tennis e i calzini colorati, si masturbava lentamente. Un travestito profumatissimo spingeva la carrozzella di un paraplegico, e ogni tanto si fermava a baciarlo appassionatamente sulla bocca. Un nero immenso gironzolava portandosi dietro al guinzaglio una biondina dall'aria dimessa. Una donna di mezza età, fine, elegante, in guanti e cappellino con veletta nera, pizzicava il sedere a un tizio grande e grosso, che la lasciava fare come se neanche se ne accorgesse. In un angolo, tre uomini vestiti di pelle nera stavano spogliando una giovane donna. Poi la legarono a una panca e cominciarono a farle gocciolare addosso cera bollente da una candela. Prima sul seno. Poi sul ventre. Infine tra le gambe. Si formò una piccola folla che premeva per guardare meglio. "Andiamo via," disse Angie. Dissi a Bruno che c'eravamo divertiti abbastanza, e tenendoci per mano ci avviammo verso l'uscita. Ci seguirono anche gli altri. Albeggiava, quando arrivammo fuori. Eravamo tutti talmente stanchi, che non ci fu più niente da dire: ognuno prese un taxi e ci facemmo a malapena ciao con la mano.

Il sabato successivo Ann, l'amica che era con Angie quando ci eravamo conosciuti, ci invitò a casa dei suoi genitori, in campagna, in Pennsylvania. Angie c'era già stata qualche volta, assicurò che era un posto fantastico e che i genitori di Ann erano molto simpatici, diversi dai genitori tradizionali. Aveva ragione. Sembravano un po' fuori di testa, lei svampita, lui una specie di scienziato pazzo: comunque ci misero immediatamente a nostro agio. Ann si era portata dietro un ragazzo, in casa c'erano già la sorella e il fratello con i rispettivi fidanzati, più un altro paio di coppie di amici. C'era posto da dormire per tutti, era una grande casa di legno e pietra, con un caminetto in ogni stanza, tenuta in completo disordine, piena di oggetti, libri, piatti, bicchieri lasciati lì, ma con un senso di armonia nel grande caos – in cui comunque i genitori di Ann trovavano tutto ciò che serviva. Arrivammo il sabato sera e il fratello di Ann allestì un grande barbecue nel cortile. Poi uno del gruppo prese una chitarra e restammo a cantare sotto le stelle fino a notte fonda. Io e Angie fummo sistemati in una camera al secondo piano con un enorme caminetto: la notte era fresca, il padre di Ann lo aveva acceso per noi. Ci addormentammo avvinghiati, sotto un morbido piumone. Al mattino ci risvegliò l'odore dei pancake, la madre di Ann si era alzata presto e in cucina c'erano già montagne di frittelle. Qualcuno era andato a comprare i giornali della domenica, i cui inserti giacevano sparsi per terra nel salotto. Il programma originale prevedeva di uscire e andare in canotto sulle rapide di un fiume non lontano: ma venne un acquazzone e restammo tutti in casa. Prima del temporale, comunque, era arrivato il vento, che scuoteva minaccioso i rami degli alberi. Fui l'ultimo a rientrare, dopo essere rimasto a fumare a torso nudo sulla porta. Ci radunammo sotto un porticato a guardare la pioggia, le cime degli alberi che ondeggiavano. Rimanemmo lì un pezzo, a fumare e bere birra. Poi, in casa, giocammo a indovinare i film: c'eravamo divisi in due squadre, a turno uno di noi mimava il titolo e i compagni cercavano di indovinarlo. Mi accorsi che riuscivo a partecipare al gioco meglio di quanto mi sarei aspettato. Mi pareva di capire quasi tutto quello che si diceva, quel giorno, anche le battute, la cosa più difficile in una lingua che non è la propria. Ricordavo com'era faticosa per me la conversazione di gruppo, rispetto a quella a tu per tu, i primi tempi. Quella domenica in Pennsylvania, invece, tutto mi sembrava sorprendentemente facile. Per la prima volta, mi sentii un po' americano anch'io.

Tornati a New York, andai a trovare l'avvocato Peter Giaimo, quello che in settembre mi aveva affittato l'appartamento sulla 50esima strada. Bussai alla porta di vetro, lui era sempre alla scrivania – maniche di camicia, colletto sbottonato, cravatta allentata, portacenere colmo di cicche –, come la prima volta. Inventai una balla. Dissi che avevo perso il lavoro, che dovevo tornare in Italia: in fondo era vero, almeno la seconda parte, almeno in parte. Avrei perso il mese di deposito, ma pazienza. Angie mi aveva proposto di anticipare il trasloco a casa sua, e avevo accettato: che senso aveva, davvero, continuare a pagare l'affitto per un appartamento in cui non stavo quasi mai? Giaimo fu comprensivo: chissà quanti gliene capitavano, di tipi come me che da un giorno all'altro non hanno più i soldi per l'affitto. Sarebbe stato insensato portarli in tribunale: nessun giudice li avrebbe resi in grado di pagare, se non avevano più un dollaro in tasca. Mi fece firmare un paio di moduli, mi augurò buona fortuna, mi disse di consegnare le chiavi alla segretaria quando avessi liberato l'appartamento.

Non avevo molto di cui liberarmi, in realtà. Il pesante divano verde finì tre piani più sotto, in casa di Michele, che mi aveva aiutato a portarlo fin su e dunque vantava un diritto nei confronti di quel mostro di velluto. Gli regalai anche il televisore in bianco e nero e qualche cianfrusaglia. Due valigie bastarono per i miei vestiti, un po' di libri, i ritagli del mio archivio. Restavano da salutare gli scarafaggi: ma da quando Angie mi aveva procurato dei biscottini speciali cucinati da una sua amica, che avevo posizionato strategicamente agli angoli della cucina, le orrende bestiacce erano quasi del tutto sparite. Dannazione, ce n'eravamo andati praticamente insieme da quella casa, io e gli scarafaggi. Guardai fuori dalla finestra: d'estate i tramonti non erano belli come d'inverno, ma erano comunque uno spettacolo. Sentii un groppo alla gola: ero affezionato a quell'appartamentino in cui avevo buttato giù i miei primi articoli, inviati per posta a giornali che non li volevano, e dove in una notte di lavoro avevo scritto il primo pezzo per la Giornali Associati, quello sul boss John Gambino, quello che aveva messo in moto tutto il resto. Proprio in quel momento, là voce metallica dell'altoparlante del parcheggio di fronte scandì: "Mr Perscopio, telephone! Mr Perscopio, telephone!", e il groppo in gola svanì in una risata. Caro Mister Perscopio, e così me ne andavo senza averti mai conosciuto: anche tu, quanta compagnia mi avevi fatto, e quanta fortuna mi avevi portato! Gli feci ciao con la mano, sebbene non potesse certo vedermi – il parcheggio era deserto; poi, giù in strada, dissi ciao anche a Hell's Kitchen, trascinando le valigie fino all'angolo. Stavo per chiamare un taxi, quando mi venne in mente che una persona da salutare c'era: Bruce Willis, il barista-attore del caffè all'angolo. Entrai, il caffè era vuoto, dietro il bancone Bruce non c'era. Dalla cucina sbucò un nero aitante col grembiule da barman. "Posso aiutarla?" disse. "No. Cioè, sì. Cercavo Bruce, il barista. Sono... sono un suo amico." Mi disse che Bruce non lavorava più lì da due settimane. E che probabilmente non avrebbe più fatto il barista. Un produttore lo aveva notato in una commedia off-off Broadway, in uno di quei teatrini con cento posti in cui lo avevo visto recitare anch'io, e gli aveva offerto un contratto per recitare in un nuovo serial televisivo. "Un poliziesco. Pensa, sarà in coppia con Cybill Shepherd, l'attrice bionda di cui si innamora Robert De Niro in *Taxi Driver*. Ti rendi conto? È già a Hollywood, in California." Ciao Bruce, pensai sul taxi. Ciao a tutti. Anch'io me ne andavo, sebbene molto più vicino che a Hollywood, dove pure avevo immaginato di trasferirmi con la mia inesauribile fantasia. "Novantesima e Seconda," dissi all'autista.

Quella notte non riuscii a dormire. Avevo fatto la cosa giusta? Non mi sarei pentito, di non avere più una casa mia? Non sarei diventato troppo dipendente da Angie, dalla mia relazione con lei? E sarei davvero voluto rientrare a New York, al termine delle tre settimane in Italia? Be', su questo ormai non mi era più concesso avere dubbi. Quanto ad Angie, la decisione di convivere era presa.

Se fosse andata male, avrei sempre potuto farmi ospitare per un po'
da Michele; e, chissà, chiedere a Giaimo di riavere il mio vecchio
appartamento, se fosse stato ancora libero, o un altro simile. Però
stentavo lo stesso ad addormentarmi. Ero stanco, ma non avevo più
sonno. Cominciai a immaginare le tre settimane in Italia, l'incontro con mia madre e mio padre, con gli amici, i racconti che avrei
fatto sul mio anno americano. E poi cercai di immaginare come sarebbe stato il mio secondo, di anno americano. Non avevo mai perso l'abitudine di fantasticare, a letto, al buio. Da bambino facevo
fatica a prendere sonno per le troppe fantasie che mi frullavano in
testa. Come si fa a dormire, mi chiedevo? Come si può chiudere gli
occhi, lasciar tacere il cervello, non un pensiero che arriva alla mente, e pian piano il respiro rallenta, si regolarizza, e a poco a poco
scivoli nel mondo dei sogni? Mi spaventava quel nulla sospeso tra
realtà e mistero, tra noto e ignoto. Meglio, molto meglio, giocare
con la fantasia, immaginare scene, battaglie, viaggi, avventure, con
me nei panni del protagonista, moschettiere, tenente del settimo
cavalleggeri, cavaliere della Tavola rotonda, cowboy, pilota di Formula Uno... Storie lunghe e articolate nel mezzo delle quali, senza
accorgermene, a un certo punto crollavo addormentato, con l'impressione di poterle proseguire anche in sogno. Ero spossato dalle
mie fantasticherie, duravano ore o almeno così mi pareva nel buio
della stanza, il tempo si dilatava, non passava mai, la casa taceva e
io aspettavo che il riposo notturno arrivasse anche per me. Ma non
veniva, ancora non veniva, la storia mi teneva sveglio.

Infine in un modo o nell'altro mi ero addormentato, perché
adesso ero sveglio, Angie mi guardava e diceva: "Stavi parlando
nel sonno, in italiano, non ho capito cosa hai detto". Non avevo
sentito la sveglia e avevo dormito un po' più del solito, sicché non
feci in tempo a leggere il "New York Times" prima che arrivasse
la solita telefonata della Giornali Associati, alle sette: riuscii a far-
fugliare qualcosa con la promessa di risentirci un paio d'ore dopo,
dall'ufficio. Più tardi, letti i giornali, parlato nuovamente con l'a-
genzia, deciso l'articolo del giorno, stavo per cominciare a battere
sui tasti della macchina da scrivere quando avvertii un forte prurito a una mano. Me la grattai. La grattai di nuovo. Il prurito era

terribile. Ma cos'era? Guardai meglio. Era una specie di brufolo interno, uno strano bugno all'attaccatura delle dita. Da dove era spuntato? Non me n'ero accorto, mentre mi lavavo. Mi venne in mente un tipo, andavamo insieme alle partite di basket, da ragazzi. Un giorno gli era venuta una infezione alle mani, da allora lo avevano operato non sapevo più quante volte e aveva quasi perso l'uso della mano destra. Anche il mio bugno era sulla destra. Se fosse stata la stessa malattia? Sudavo freddo. Ma dai, cretino, provai a ragionare, possibile che ci caschi così? La tipica suggestione di chi legge i sintomi di una malattia e si convince subito di averla. Non riuscivo però a scacciare quella fastidiosa sensazione: razionalmente ero certo che non fosse nulla, un semplice brufolino, una ghiandolina che secerne all'eccesso, un dolorino, un fastidio piccolissimo, ma in verità ero terrorizzato. Vivere senza una mano! Di colpo tutti i miei dubbi sul futuro, su New York e l'Italia, si sciolsero come neve al sole. Dio, Dio, chiedevo solo di stare bene, di conservare le mie mani, le gambe, il corpo, che nessuna ghiandola malefica me li attaccasse, che nessun bugno si putrefacesse in qualche angolino dimenticato. Provai a immaginare se fosse possibile continuare a vivere, a fare le stesse cose, senza la mano destra. Be', i mancini non ne hanno così tanto bisogno. E... senza una gamba? Senza un occhio? Cieco? Sordo? Muto? Quale delle tre disgrazie avrei scelto, potendo?

Il giorno dopo, il bugno non c'era più. Ma che cosa mi stava capitando? Perché ero così nervoso, da non riuscire a dormire, da immaginare malattie letali? Non volevo pensare che fosse dovuto al trasloco in casa di Angie. Mi convinsi che dipendeva da altro. Dall'imminenza del ritorno a Bologna. Ecco, sì, era sicuramente questo. Finalmente avevo capito. Del resto, da un po' di tempo, ogni volta che sentivo il rombo di un aereo, non riuscivo a distogliere gli occhi dal cielo, puntavo lo sguardo su quel ventre piatto, liscio, candido, come la pancia di un grande pescecane volante. Presto, mi dicevo, lassù ci sarò io. Presto partirò. Tornerò a casa. A casa mia.

In ufficio fioccavano gli inviti. Era incredibile, quanti inviti ricevesse un corrispondente estero. Un biglietto per me e un ospite per Carla Fracci e Nureyev al Metropolitan: non avevo mai visto un balletto in vita mia, e Angie neppure, ma ne fummo deliziati.

Poi ne arrivò uno per la prima di un film del regista Paul Mazursky, ispirato alla *Tempesta* di Shakespeare. Aveva lo stesso titolo: *The Tempest*. Anche lì andai con Angie. Il film era carino, anche perché, nella parte del protagonista, c'era uno dei miei attori preferiti, che scoprii essere tra i preferiti anche di Angie: John Cassavetes. Avevo visto quasi tutti i suoi film, quando ancora vivevo in Italia. E ne adoravo uno in particolare, *Mariti*, in cui lui, Ben Gazzara e Peter Falk passano uno strampalato weekend a New York senza le mogli. Con i miei due migliori amici, a Bologna, ai tempi dell'università, facevamo sempre la scenetta di chi era chi: naturalmente nessuno dei tre voleva essere Peter Falk, il più sfigato del terzetto.

Dopo la proiezione del film in una saletta privata, la casa di produzione caricò tutti gli ospiti, per lo più giornalisti stranieri e americani, su degli autobus e ci trasportò a un molo dell'Upper West Side, dove aveva organizzato un party su uno stupendo tre alberi a vela, per l'occasione tutto illuminato. C'era musica, da bere a sazietà, un buffet ricchissimo, nemmeno a Hollywood, al Beverly Wilshire, avevo visto niente del genere: questo era un vero party della gente del cinema, e c'eravamo in mezzo anche noi. Vidi il regista, Mazursky. Vidi John Cassavetes con la moglie, l'attrice Gena Rowlands, un altro mito. E poi Ben Gazzara. E Liza Minnelli. E Lauren Bacall. Jason Robards. C'erano anche, ma questo non lo feci notare ad Angie, legioni di fighe stupende, soubrettine di Broadway tutte scollacciate. Mi sembrava di guardarmi dall'alto, di vedermi da fuori, come in un film, appunto. Dopo tre calici di champagne, mi feci coraggio, presi Angie per un braccio e mi avvicinai a Cassavetes, attendendo il momento giusto. "Buonasera, mister Cassavetes," cominciai. "Buonasera," rispose lui con quel suo mezzo sorriso che sembra prendere per il culo tutto e tutti. Gli diedi la fondamentale notizia, fondamentale per me se non altro, che ero un giornalista italiano. Gli annunciai che il film mi era piaciuto molto. Lo informai quindi che, in Italia, nella mia città natale, io e i miei amici eravamo entusiasti di *Mariti* e sognavamo di essere un giorno dei mariti come quelli del film, di fare le stesse cose che facevano loro. Ci misi un po' a rendermi conto che John mi ascoltava distrattamente. La sua attenzione di vecchio marpione, neanche tanto vecchio a dire il vero, era tutta concentrata su Angie, che era in forma smagliante e stava tranquilla e silenziosa al mio fianco, lasciandomi straparlare come al solito. "Be', se vuoi fare il marito, la prima cosa che ti serve è una moglie, e immagino che sia questa, no?" disse alla fine Cassavetes facendo un cenno in direzione di Angie. Lei scoppiò a ridere e disse qualcosa in inglese, così rapidamente che non capii. Anche John rise. "Veramente non è mia moglie," risposi. "Non ancora. Ma spero che un giorno lo diventerà." Non credevo alle mie orecchie. Le stavo facendo una proposta di matrimonio lì, sulla barca della produzione di *Tempest*, davanti al mio idolo John Cassavetes. "Se fossi al tuo posto, non aspetterei troppo," mi ammonì l'idolo con una strizzata d'occhio. Poi fece un gesto come dire: "Scusate, adorerei restare qui tutta la sera a chiacchierare con due simpaticoni come voi, ma capite gli obblighi del padrone di casa," e si dileguò tra gli altri invitati. "Andiamo a ballare," fece Angie, e della proposta di matrimonio, lì sulla barca, non parlammo più. Ripresi l'argomento più tardi, a letto, prima di dormire. "Ti rendi conto?, ti ho proposto di sposarmi davanti a Cassavetes," le dissi come se fosse tutto, naturalmente, uno scherzo. "E tu ti rendi conto che io non ho ancora risposto né sì né no?" replicò lei, nello stesso tono.

Qualche giorno dopo arrivò un altro invito: per uno show di Yves Montand, di nuovo al Metropolitan. Seduto poche poltrone più in là, in platea, c'era Ben Gazzara insieme a una ragazza da urlo. "Ormai non si può più andare da nessuna parte senza ritrovarsi sempre la stessa gente tra i piedi," dissi ad Angie. Eravamo molto allegri, dalla sera della festa sulla barca. Quei primi giorni di vita in comune, adesso che nella sua casa ci vivevo davvero, erano andati benissimo. Mi sembrava che tra noi ci fosse più intimità, la sentivo più vicina, come se il nostro legame si fosse fatto più stretto e profondo.

Un mattino, la segretaria dell'avvocato Giaimo mi telefonò in redazione, all'"Espresso": le avevo lasciato il numero, in caso fosse arrivata qualche bolletta da pagare. Non era arrivata una bolletta, ma una lettera dall'Italia, per me. Dissi che sarei andato a prenderla appena possibile. Era di Bruno. Mi comunicava che si era lasciato definitivamente con Rachel. E che era tornato in Italia. Se n'era andato all'improvviso, senza salutare nessuno. Aveva deciso di farla finita non solo con la fidanzata, ma anche con l'America.

Mio caro amico,
non è semplice da spiegare. È un tributo che dovevo pagare al mio passato. Sono davanti alla finestra e le tende sfumano nel bianco i tetti bagnati da una pioggia estiva. Non è stata una decisione presa per ragioni di lavoro, o sull'onda di un nuovo amore. Era come se vedessi da un treno in corsa il volto di una bella ragazza di provincia, a quella precisa distanza che sembra domandare solo due decisioni: fermarsi o cercare il percorso per raggiungerla. Continua a piovere, ma è una pioggia piena di odori e tengo la finestra aperta. Ogni mattina, quando mi alzo ed esco nel giardinetto davanti a casa dove sto ora a Roma, a leggere i giornali, in realtà non penso e neppure leggo, godo soltanto nel respirare gli odori delle piante. Ieri notte, mentre tornavo in auto da Ravenna, nel buio riuscivo a indovinare i luoghi solo attraversando l'odore che emanavano: i viali di cipressi, i cespugli di ginepri, le zolle aperte da poco. La mia non è la ricerca di un tempo perduto, al contrario è la scoperta di un tempo impossibile da perdere. Sono come un turista nella propria patria. Non è detto che si debba attraversare solo la linea d'ombra di cui parla Conrad per uscirne allo scoperto. Ci si può anche permettere, a una certa età, il privilegio di un viaggio inverso, quello per rientrare tra le ombre che ci hanno cresciuto. Salutami la notte newyorkese, l'unica compagna che forse mi mancherà.

Non lo avevo più sentito, dopo la notte all'Area. Eppure non mi meravigliava troppo: Bruno era fatto così, l'uomo delle decisioni fulminee. Be', lui aveva mantenuto la parola. Aveva voluto l'America, l'aveva conquistata, e ora era pronto ad archiviarla, a metterla da parte, a tornare a casa. Ma io? Io non avevo più il tempo di pensarci. C'erano gli inevitabili regalini da acquistare per amici e familiari. E poi gli ultimi articoli da scrivere. Il direttore mi aveva chiesto di lasciarne una scorta, per le mie tre settimane di vacanza in Italia; e anche l'"Espresso" me ne aveva commissionati un paio. L'ultimo giorno di lavoro, salutato Carlo Radice – che mi augurò buone vacanze con la solita cordialità, e che si preparava a sua volta a partire per un lungo viaggio in Estremo Oriente –, chiesi a Cathy se voleva bere qualcosa al bar di sotto. Aveva un'aria insolitamente mogia. Al bar, infatti, appena le chiesi "allora, come va?" si mise a singhiozzare. Dovetti abbracciarla per farla smettere: avevo sperato di farlo in ben altra situazione. "Jeremy mi ha lasciato," disse finalmente tirando su col naso. "Dovevamo sposarci quest'estate. Dice che si è innamorato di un'altra." Stava per rimettersi a piagnucolare: feci del mio meglio per convincerla che avrebbe trovato un uomo migliore, le feci un sacco di complimenti, soprattutto sul suo aspetto fisico, e quelli erano piuttosto sinceri. Poi cambiai argomento, per distrarla: mi informai sulle vacanze di Carlo, le chiesi se lei era mai stata in Estremo Oriente. No, e non le interessava. Carlo invece era un giramondo inarrestabile, era andato dappertutto. "Ti stima molto, sai, dice che sei un gran bravo ragazzo," ripeté, apparentemente rasserenata. "Non hai idea di quanto lo stimo io," risposi. "Gli devo moltissimo. Senza il suo sostegno, il suo incoraggiamento, la sua generosità, senza tutto lo spazio che mi ha lasciato, non sarei mai riuscito a scrivere sull'Espresso'." Cathy fece una faccia un po' scettica: "Guarda che anche lui ti deve qualcosa. Non era del tutto disinteressato, il sostegno che ti ha dato. È un pezzo che l'Espresso' voleva mandare un secondo corrispondente qui, per affiancarlo. Dicono che lui non scrive abbastanza di società, di costume, degli argomenti leggeri che piacciono alla gente: gli interessano soltanto la politica e l'economia. Lui naturalmente non aveva nessuna voglia di ritrovarsi un altro giornalista tra i piedi, un giornalista fatto e finito, uno che sarebbe stato più o meno alla pari con lui, un redattore venuto da Roma. Così, quando sei spuntato tu, un ragazzino, con la Giornali Associati, non gli è sembrato vero di poter offrire all'Espresso' quello che l'Espresso' voleva senza perdere la sua indipendenza in ufficio".

Ero incredulo. "Ma sei sicura? E tu come fai a saperlo?" chiesi. Spiegò che glielo aveva raccontato una segretaria di Roma. Sanno sempre tutto, le segretarie. Comunque per me non cambiava niente: che gli avessi fatto o meno un favore, era più grande il favore che lui aveva fatto a me. Gliene sarei stato grato per sempre.

Quella sera comprai una bottiglia di champagne e due calici, li infilai in una borsa, andai a prendere Angie al ristorante egiziano, ignorai una volta tanto le smancerie che le faceva il proprietario e quando fummo fuori le annunciai con aria misteriosa che dovevo portarla in un posto, prima di andare a casa. "Che cos'hai nella borsa?" Angie era curiosa, ma io non risposi. Prendemmo un taxi, ci facemmo portare in fondo a Manhattan, sotto l'imboccatura del ponte di Brooklyn. Salimmo sul ponte, arrivammo fino a metà del camminatoio, mentre le auto ci sfrecciavano accanto nei due sensi, fino al punto in cui si vede la skyline dei grattacieli illuminati di New York. Aprii la borsa. "Ecco qua," le dissi soddisfatto. Stappai lo champagne, riempii i calici, alzai il mio per brindare, e domandai: "Mi vuoi sposare? Questa volta dico sul serio, non c'è John Cassavetes di mezzo". Rimase zitta un momento, poi disse di sì e posò le sue labbra sulle mie. Se volevo vivere in un film, adesso ne cominciava uno nuovo. Non proprio subito, ma quasi: al mio ritorno dalle vacanze avremmo sistemato tutto. E sposando lei, cittadina americana, avrei potuto ottenere la cittadinanza americana anch'io.

Il giorno della partenza pregai Angie di non accompagnarmi all'aeroporto: non volevo lacrime. In realtà, ero talmente emozionato che temevo di commuovermi io, e preferivo non farlo davanti a lei. L'eccitazione della partenza, la nostalgia di casa, la voglia di rivedere famiglia e amici, tutti i ricordi accumulati in quell'anno a New York, e ora il futuro che mi si prospettava davanti: il lavoro, l'amore, forse il matrimonio. Ma che cavolo di "forse"! Avevo fatto la mia proposta e lei aveva accettato! Ormai non potevo più tornare indietro: se Cassavetes lo avesse scoperto, mi avrebbe certamente tolto il saluto. Per non parlare di quello che avrebbero potuto farmi i fratelli di Angie. Ci salutammo con un lungo bacio davanti a casa sua, anzi, casa *nostra*, mentre il taxi che doveva condurmi al JFK Express, il treno per l'aeroporto Kennedy, aspettava. "Prendi questa," disse Angie all'ultimo momento, mettendomi in mano una busta. "Ma promettimi di leggerla solo quando sarai in volo." Promisi, deciso, per una volta, a resistere alla curiosità. In coda per il controllo dei documenti, mi venne in mente il mio arrivo al Kennedy, quasi un anno prima: quanto avrei voluto rivedere il poliziotto che mi aveva messo il visto d'ingresso, e dimostrargli com'ero diventato bravo anch'io a parlare in turcomanno! E poi l'incontro con Nick. E il viaggio in autobus fino a casa dei suoi, in fondo a Brooklyn. Quanto tempo era passato? Soltanto dodici mesi?! Non era possibile.

L'aereo era pieno zeppo. Mi diedero un posto vicino a un finestrino, ci restai col naso incollato durante tutto il decollo, vedendo in lontananza la punta dell'Empire State Building che brillava, illuminata di bianco, rosso e blu, i colori dell'America. Appena fummo in cielo, aprii la busta che mi aveva dato Angie: dentro c'era una lettera scritta a mano con la sua calligrafia infantile. Che ormai conoscevo bene. Solo che questa era una lettera scritta in italiano. Il frutto delle lezioni che le davo ogni tanto?

Amore mio,
questa è prima lettera che scrivo a te, ma spero che molte scrivo ancora dopo. Oggi, mentre tu sei a lavoro, ho camminato molto e adesso sono stanco. Pensavo di te molte volte mentre camminando, mentre bevendo una birra, mentre fumando una sigaretta, semplicemente pensavo di te – sempre! Non ti avrò veduto stasera perché tu non sei più qui, però è buono avere solo con i miei pensieri. Ho i progetti: cucire, leggere, scrivere, studiare italiano e pensare. Spero che avrò fatto tutti. Quando siamo parlati la notte scorsa mi ha portato un buon sentimento. Benché sono stato certo di alcune cose che hai parlato prima di la notte scorsa, è stato buono ascoltare te dire queste cose. No sappiamo che accadrà in la futura. Se penso della futura nelle condizioni del passato, quando tu non eri, mi fa malato. Se penso della futura nelle condizioni dei sogni, non sono sicuro: non piace a me sogni. Vivendo per oggi la futura con le lezione che ha imparato da passato e le speranze che ha per la futura, penso che è bene e importante. Che pensi tu? Hai detto che ti sarei piaciuto visitare Italia un giorno con me. Che bello pensiero! Sarò piaciuto viaggiare ovunque con te. Da Corona, Queens, a Italia, da New York ai mari di Cina. E anche, se tu vuoi, come chiama esso? Mercato Saracino! Guardo a te e sono felice. Mi dici che mi ami e sono gioioso. Mi tocchi e... aiuto! Sento come se ti amavo sempre benché solo recentemente ho conosciuto te. È sciocco? Spero che comprende tutto

che scrivo. Mi dici poi i errori che facevo. Ebbene, basta per questa lettera. E ricordarsi: ti amo tanto e so che mi ami pure. Ciao, mia amante.

Il tuo amante,

Angie

Si può ridere e piangere contemporaneamente? Ora sapevo che sì, si può, perché era quello che stava succedendo a me. Ben presto, il cielo fuori dal finestrino divenne completamente buio, nero come pece. Le hostess servirono la cena, che divorai senza badare a cosa fosse: morivo di fame. Non volevo pensare, non volevo più fantasticare, volevo solo dormire: e per una volta mi addormentai di botto.

Non so quanto tempo dormii. Fu un sonno senza sogni, credo: ne avevo fatti abbastanza da sveglio, in quel lungo anno. Dovevo aver dormito un bel po', comunque, perché quando riaprii gli occhi il cielo si stava rischiarando. Guardai fuori, giù, verso il basso: e proprio in quel momento apparve sotto di noi una striscia di terra bagnata dal mare, che si allungava, si allungava, non finiva più. L'Europa. Stavo tornando a casa. Ma non per molto.

New York, 17 agosto 2008, 6.39 pm,
all'angolo tra la 42esima strada e Broadway

Eppure era qui.
Ci giurerei.
Oppure appena un po' più in là. Forse sulla Settima Avenue,
angolo con la 43esima. O con la 47esima.
Fendo la folla, compatta come un muro: ma non è qui, più in
là e nemmeno lì.
Non mi ci raccapezzo più.
È scomparso, il mio topless bar. Inghiottito da grattacieli, alberghi e ristoranti a cinque stelle, boutique di lusso, chain stores
d'abbigliamento, coffee-shop firmati, department stores, trappole
per turisti. E non è scomparso solo il "mio" topless bar, quello per
cui distribuivo volantini pubblicitari per la strada. Percorro tutta
la 42esima e non trovo un solo sex shop, night club, cinema porno. Hanno ripulito tutto.
Times Square, la cattedrale a luci rosse, non è più lei. Era sporca, dura, pericolosa, puzzolente. È pulita, morbida, tranquilla e profumata. Sono rimaste le luci, ma sembrano quelle di Disneyland.
Continuo a risalire Broadway, cercando un pezzetto della New
York che conoscevo. All'angolo con la 50esima, giro a sinistra verso est, diretto a Hell's Kitchen. Ma è stata ripulita anche la "cucina dell'inferno". Adesso la sovrasta un grattacielo di cristallo. Ci arrivo fin sotto: è la sede del "New York Times". Il mio benefattore.
Il giornale da cui ricopiavo i primi articoli, la mia scuola di giornalismo gratuita: quanto ho imparato, leggendolo ogni mattina, o
la sera acquistando la prima copia fresca di stampa a mezzanotte
all'edicola della 42esima. Una volta la sede era sulla 43esima, pro-

prio dietro Times Square: il giornale dava il nome alla piazza. I cronisti pranzavano con sandwich al pastrami in piccoli caffè bisunti, e a tarda notte si infilavano a bere birra in pub così bui che non vedevi chi ti sedeva di fronte. Non ne trovo traccia, attorno alla nuova sede del quotidiano ci sono solo ristoranti chinese-fusion e pub luminosi come chiese.

Attraverso la Decima Avenue, laggiù si intravede l'Hudson. Qui c'era casa mia, la mia prima casa americana, 544 West 50th Street. Hanno raso al suolo l'intero isolato di railroad apartments, sostituiti da eleganti palazzine. In giro non vedo un solo portoricano. E non c'è più nemmeno il bar dove mi serviva il caffè Bruce Willis, prima di far fortuna a Hollywood e sposare Demi Moore. Hanno tirato giù anche il garage che stava di fronte a casa mia: chissà che fine hai fatto, Mr Perscopio, chissà se un giorno hai finalmente risposto a quello stramaledetto telefono.

Sbuco sull'Undicesima e ho un tuffo al cuore: il diner, almeno, è rimasto dov'era. Il caffeuccio aperto ventiquattr'ore su ventiquattro dove feci colazione dopo aver terminato all'alba il mio primo articolo per la Giornali Associati. È come un faro che chiama nel buio. A quest'ora, è quasi vuoto: si riempiva sempre alle ore più illogiche, alba e tarda notte, per chi non aveva una famiglia e un piatto caldo ad aspettarlo a casa. Una cameriera porta il menu, ma so già cosa ordinare: uova al prosciutto, toast, caffè, succo d'arancia. È carina, la cameriera. Avrà poco più di vent'anni, minuta, capelli neri corti, labbra carnose, belle gambe che spuntano dal grembiule.

Divoro le uova, bevo il caffè, lei torna a riempirmi la tazza, sorride.

Prendo dalla tasca della giacca la mia agendina di pelle nera: continuo ad annotare i numeri di telefono in queste pagine piene di cancellature e scarabocchi, non ho mai imparato a memorizzarli sul telefonino. Il vantaggio è che così tengo anche numeri che non uso da molto tempo, come questo, che non chiamo da un secolo. Per l'esattezza, da vent'anni: da quando partii da New York, dieci anni dopo esserci arrivato, per trasferirmi a Mosca. Angie. Anche lei se ne andò da New York, dopo che ci lasciammo. In California, prima. Poi in New Mexico. Ogni tanto ci sentivamo. Sarà ancora lì?

"The number you've dialled," gracchia meccanicamente la voce di un nastro registrato, "has been disconnected." Scollegato. Sconnesso. Staccato.

Chiedo il conto. La cameriera carina lo porta in un attimo. Quattro dollari e 99 cent. Però. Ai miei tempi qui mangiavo con 99 centesimi.

"It used to be 99 cents," dico.

Sembra preoccupata.

"It's not a complaint," la tranquillizzo. Non è una lamentela. Solo un ricordo.

"Are you an actress?" chiedo, lasciando un paio di dollari di mancia.

Scoppia a ridere.

"Oh, no!"

"An artist, a singer, a ballerina perhaps?"

"No, why?" ride. "I'm just a waitress."

"Solo" una cameriera. Facevano tutti il cameriere per sopravvivere, ma sognavano di diventare attori, artisti, cantanti, ballerini, nella New York di trent'anni fa. E qualcuno, come il mio barista preferito Bruce, lo diventava.

"Well, you are a very good waitress," dico.

"Thank you. Have a nice day."

Una buona giornata. Sicuro. Da fuori, la guardo mentre pulisce il mio tavolo: quando alza gli occhi, faccio un cenno di saluto attraverso il vetro. Allora la cameriera mima una specie di balletto, cerca di dirmi qualcosa, ride: ma non capisco cosa sta cercando di dirmi. "Have a nice day," ripeto anch'io al di là del vetro, e faccio di nuovo ciao con la mano.

Sul taxi rileggo la stampata dell'e-mail del direttore: "Stai lì qualche giorno, fatti un'idea, e poi vieni e trovarmi a Roma che ne discutiamo. Non c'è fretta...".

Gli dirò che preferirei non tornare dove sono già stato. Lo pregherò di continuare a farmi girare il mondo come una trottola.

Mi faccio portare in albergo, salgo in camera a rifare la valigia, scendo a pagare il conto.

"Something was wrong, sir?" chiede inappuntabile il portiere, notando che parto con due giorni di anticipo rispetto alla prenotazione.

No, è andato tutto bene, lo rassicuro. "I've just got to go." È che devo proprio andare.

L'uomo in livrea fuori dalla porta girevole mi chiama un altro taxi. Ne arriva subito uno, dalla marea gialla che a quest'ora scende lungo Park Avenue: quella è rimasta sempre uguale.

"Where to?" chiede il tassista, direi latinoamericano dall'accento, e intanto riparte sgommando.

È una buona domanda.

"Take me home," dico, dopo averci riflettuto bene mentre lui si infila in un ingorgo.

"Home?"

Sì, home, amigo. Casa. Portami a casa.

"And where would that be, man?"

Dove sarebbe casa? Sono trent'anni che cerco di capirlo e non sono ancora sicuro della risposta.

Gli dico di portarmi all'aeroporto, e che non se ne parli più.

Ringraziamenti

My deepest gratitude:

ad Alberto Rollo e a Giovanna Salvia, per i suggerimenti e l'editing che hanno reso migliore questa storia;

a M., per il titolo;

a M.B., per "Angie" e una letterina in italiano deliziosamente sgrammaticato;

al mio amico G., per le lettere che mi ha scritto e per quelle che ha conservato;

a J., per la prima ospitalità;

a quelli che mi accompagnarono in stazione, e a quelli che ogni volta sono venuti a prendermi.

Ma soprattutto vorrei ringraziare un oscuro poliziotto, incontrato quasi trent'anni fa sulla 34esima strada: senza il suo buon cuore, forse questo libro non sarebbe stato scritto.

INDICE